Silvia Wendnagel

Meine Reise ans Nordkap

Silvia Wendnagel

MEINE REISE

ANS NORDKAP

Impressum

Bibliografische Information der Deutschen Nationalbibliothek: Die Deutsche National-bibliothek verzeichnet diese Publikation in der Deutschen Nationalbibliografie; detail-lierte bibliografische Daten sind im Internet über http://dnb.dnb.de abrufbar.

Technik und Gestaltung: Udo Waldenmaier
Powered by www.waldenmaier.net/treenotespad
Weitere Mitwirkende: Peter Entenmann

Verlag: BoD · Books on Demand GmbH, Überseering 33, 22297 Hamburg, bod@bod.de

Druck: Libri Plureos GmbH, Friedensallee 273, 22763 Hamburg

ISBN: 978-3-7693-2608-6

INHALT

Auf zwei Rädern kann man die Welt in
einer Geschwindigkeit erkunden,
die den Kopf frei und das Herz offenhält.

Prolog

Ich habe in meinem 52. Lebensjahr mit dem Rennradfahren begonnen und bin vier Jahre später mit dem Rad ans Nordkap gefahren.

Wie es dazu kam?

2014 hatte ich es endlich geschafft, mit dem Rauchen aufzuhören, habe mich in einem Fitnessstudio angemeldet, kaufte mir ein kleines Mountainbike und begann, regelmäßig zu laufen. Doch irgendwie hatte ich es wohl ein wenig übertrieben und ein Ermüdungsbruch im rechten Vorderfuß zwang mich zu einer Pause. Als Bewegung wieder einigermaßen möglich war, ging ich Schwimmen und radelte mehr als ich lief, denn das ging noch nicht schmerzfrei. Mit meinem Mountainbike durchstreifte ich dann die nähere Gegend und unternahm auch längere Tages- und Wochenendtouren von bis zu 100 km.

Volker, ein guter Freund und sehr ambitionierter Marathonläufer und Rennradler, lud mich dann eines Tages zu einer Schnuppertour ein, damit ich auch mal das Rennradfahren ausprobieren könne. Das war Ostermontag 2020. Er stellte mir das Rad seines Sohnes zur Verfügung, wir waren ungefähr gleich groß und es passte mir ganz hervorragend. Es war ein weißes Rose Alu Rennrad. Die ersten Meter waren der Horror. Ich hatte gefühlt „nichts" unter mir, das Rad wackelte und zappelte – es brauchte einige hundert Meter, bis ich mich einigermaßen sicher fühlte - und noch einige Kilometer, bis ich mit der Schaltung zurechtkam. Dennoch fuhren wir siebzig Kilometer und am Ende war ich begeistert. Volker gab mir das Rad mit nach Hause, damit ich noch eine Weile testen könne, ob mir das Rennradfahren wirklich Spaß macht.

Nach wenigen Tagen rief ich ihn an und bat um Kaufberatung, da ich mich dazu entschlossen habe, mich nach einem gebrauchten Rennrad umzuschauen. Er meinte dann, eigentlich könne ich auch das Rose gleich bei mir behalten. Sein Sohn fährt nie damit und zum Herumstehen wäre es eigentlich zu schade. Wir einigten uns auf einen Preis und ich war plötzlich stolze Rennradbesitzerin!

Der Frühling 2020 war aufregend; durch Corona änderte sich unser aller Lebensrhythmus plötzlich, mein Arbeitgeber hatte Kurzarbeit angemeldet und so hatte ich viel Tagesfreizeit zur Verfügung, um mit dem Rennrad fleißig Kilometer einzusammeln. Die erste Strecke über 100 Kilometer hatte ich schon schnell gemeistert.

Dann, im Juni, lernte ich Udo, meinen jetzigen Partner kennen. Bei unserem ersten Treffen erzählte er von seinem Hobby, dem Rennradfahren, insbesondere dem Langstreckenfahren. Mir wurde schwindelig vom Zuhören, so viele hunderte und tausende Kilometer war er bereits durch Israel, Frankreich, Irland, England etc. geradelt. Und dann teilweise auch noch nachts! Das war für mich völlig unvorstellbar, aber ich wusste sofort: Das will ich alles einmal ausprobieren. Nachts fahren! 200 km am Stück fahren! Für mehr reichte meine Vorstellung noch nicht, aber ich war jetzt endgültig „angefixt".

Im darauffolgenden Jahr fuhr ich dann meine erste Brevet-Serie (200, 300, 400 und 600 km) und unternahm eine selbst geplante Tour von zu Hause in die Provence. Das waren 1100 km, die ich in 5 Tagen schaffte. Das Unterwegssein mit leichtem Gepäck und unkompliziertem Tagesablauf gefiel mir gut: Ride, Eat, Sleep, Repeat. So einfach ist es. Udo beriet und unterstütze mich stets in all meinen Vorhaben und ich konnte von seinem großen Erfahrungsschatz profitieren.

Auch im Folgejahr absolvierte ich die komplette Brevet-Serie und dadurch ermutigt startete ich beim Race Across France 2500 km. Dieses Rennen musste ich allerdings nach „nur" 1450 km beenden, da ich zu spät an einem der Kontrollpunkt ankam und das Zeitlimit nicht einhielt. 2023 folgte dann schließlich die Krönung: Die erfolgreiche Teilnahme an Paris-Brest-Paris, das alle vier Jahre stattfindet und für Randonneure aus aller Welt ein absolutes Highlight ist.

Für mich sah ich hier noch nicht das Ende meiner „Karriere" und suchte die nächste Möglichkeit meine Grenzen auszuloten. Auf der Website von Northcape4000 wurde ich schließlich fündig. Die Beschreibung sprach mich sofort an und ich hatte mein neues Ziel gefunden!

Meine Eindrücke von der Fahrt ans Nordkap im Sommer 2024 waren so immens, dass ich dachte, die müsse ich unbedingt in einem Tagebuch notieren, damit ich sie nicht eines Tages vergesse. Mein Vater hatte dieselbe Idee und fragte immer wieder nachdrücklich ab, ob ich schon angefangen habe alles aufzuschreiben. Dieser „Druck" half mir, dranzubleiben und so wurde aus vielen Notizen schließlich dieses kleine Buch, mit dem ich meine Geschichte teilen kann.

Tag X - wie alles begann...

Paris-Brest-Paris im August 2023 war geschafft. Der daran anschließende Urlaub mit dem gemieteten VW-Bus durch die Auvergne und Provence war vorüber, und ich war wieder voll im Alltag. Da ich PBP rückblickend – und sicherlich auch mit einem verklärten, alles beschönigenden Blick – gut gemeistert hatte und auch die Lust an langen Strecken noch da war, suchte ich nach Inspiration für das folgende Jahr. 2023 war komplett auf PBP ausgerichtet. Die Brevet-Serie musste zur Qualifikation bestanden sein, und ich fuhr so damals manche Strecke nur aus der Motivation, dass ich es als Training brauchte, und nicht, weil es mir Spaß machte.

Mir gefiel der Gedanke an eine neue Herausforderung. Gleichzeitig brauchte ich ein neues Ziel. Ich befürchtete ansonsten keinen Sinn darin zu sehen, im Winter weiterzufahren, um fit zu bleiben. Meine Radkarriere konnte ja mit dem PBP nicht beendet sein. Da musste doch noch was kommen!

Zur Erläuterung: Paris-Brest-Paris ist ein berühmtes Langstreckenradrennen, das alle vier Jahre in Frankreich stattfindet und dessen Tradition bis ins Jahr 1891 zurückreicht. Es führt von Paris nach Brest und zurück, was einer Strecke von etwa 1.200 Kilometern entspricht. Die Veranstaltung zieht tausende von Radfahrern aus der ganzen Welt an. Die Qualifikation zur Teilnahme wird über den Abschluss einer sogenannten Brevet-Serie erreicht. Das sind 200, 300, 400 und 600 km die in einer vorgegebenen Zeit zu bewältigen sind. Es gibt auf der ganzen Welt Verbände, die diese Brevets organisieren und die dem Audax Club Parisien angeschlossen sind.

Ich stöberte immer wieder im Internet, aber außer den sehr populären Veranstaltungen Three Peaks Bike Race oder Transcontinental Race fand ich zunächst nichts Diese Events traute ich mir auch nicht zu, und sind mir auch zu kompetitiv. Dann wurde ich fündig in einem Ultra-Cycling-Veranstaltungskalender für 2024: Ich stolperte über den Begriff NorthCape4000. Ich kannte es vom Namen her und wusste, dass Sara Hallbauer, die ich 2022 beim Race Across France kennengelernt hatte, und die mittlerweile sehr erfolgreich als Botschafterin für Frauen im Ultracyclingsport tätig ist, 2021 an diesem Event teilgenommen hatte.

Ich informierte mich über die Eckdaten: Start in Rovereto am Gardasee, Streckenlänge ca. 4000 km bis ans Nordkap, Unsupported, kein offizielles Rennen. Es galt nur ein Zeitlimit einzuhalten wenn man auf der offiziellen Finisher-Liste stehen möchte.

„Unsupported" im Ultracycling-Bereich bedeutet: Die Teilnehmer dürfen keine Begleitfahrzeuge oder Teams haben, die ihnen während des Rennens helfen (mit Nahrung, Übernachtung, Werkzeugen, Reparaturen, mentaler Hilfe). Alles was benötigt wird an Nahrung, Wasser, Kleidung, Ausrüstung muss entweder von Anfang an selbst mitgeführt oder unterwegs beschafft werden. Übernachtungen dürfen nicht vor dem Start gebucht werden. Reparaturen, Navigation und das Lösen von Problemen ist vollständig dem Teilnehmer überlassen und er darf auch von anderen Teilnehmern keine Hilfe annehmen. Hilfe von außen wird als Regelverstoß betrachtet. Man ist also in Hinblick auf Verpflegung und Übernachtung ganz auf sich alleine gestellt. Entweder ist die Strecke vorgegeben, oder man muss die Strecke zwischen festgelegten Kontrollpunkten selbst planen. Zum Fahren im Windschatten oder in Gruppen gibt es ganz unterschiedliche Regelungen. Manchmal ist Windschattenfahren selbst dann nicht erlaubt, wenn man als Paar gemeldet ist.

Da es sich beim Northcape4000 nicht um ein offizielles Rennen handelt, sind die Regeln etwas gelockert. Das Windschattenfahren ist erlaubt und Hilfe untereinander ist sogar ausdrücklich erwünscht. Hier steht der Charakter des Gemeinschaftserlebnisses im Vordergrund.

NorthCape4000 – das ist es! Ich ließ die Idee noch ein paar Tage reifen, war mir dann sicher, dass ich das wirklich tun will, und verkündete Udo schließlich, dass ich mich anmelden werde. Meiner Familie und Freunden erzählte ich zunächst noch nichts von meinem Vorhaben um den Zeitraum für eventuelle Bedenken- und Sorgenäußerungen möglichst kurz zu halten. Ich wollte unbedingt vermeiden mich verunsichern zu lassen. Wie sich dann im Nachhinein herausgestellt hat war meine Befürchtung umsonst. Ich erntete zwar manchmal leichtes Kopfschütteln, aber die guten Wünsche für das Gelingen standen im Vordergrund.

Die Gesamtstrecke in der Übersicht:

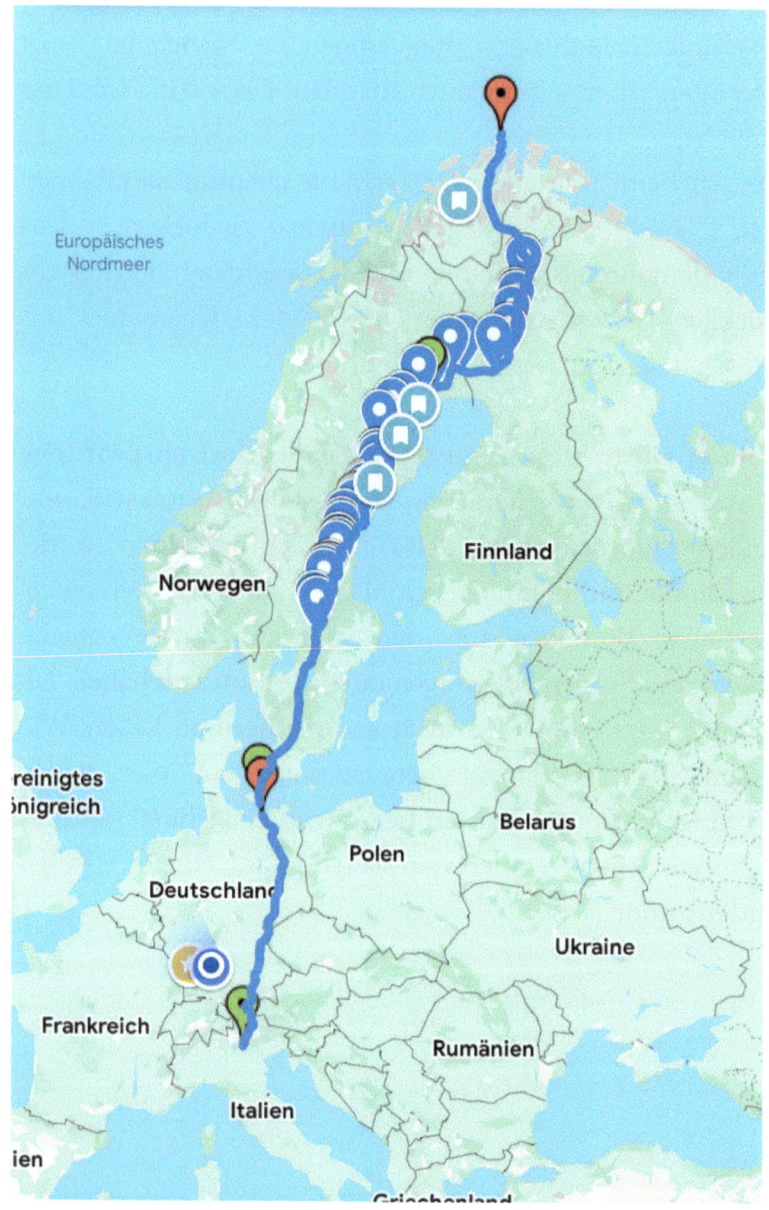

Die Registrierung für die siebte Ausgabe des Events (die Sieben ist meine Glückzahl!) wurde Anfang Dezember eröffnet, und bis dahin hatte auch Udo entschieden, sich anzumelden. Er war sich zwar nicht ganz sicher, ob er das wirklich fahren will, aber er hatte irgendwie die Befürchtung, es spätestens dann zu bereuen, wenn ich alleine an die Startlinie rolle. Wir waren uns aber einig, dass wir dies auf keinen Fall im Zweierteam bestreiten wollen. Wir reisen zusammen an, das war's dann aber. Ab dem Start fährt jeder für sich. In seinem eigenen Modus.

Ich erinnerte mich, dass Karin, eine gute Bekannte von unseren Brevet-Fahrten, mir im Frühjahr erzählte: Ihr größter Traum wäre es einmal mit dem Rad ans Nordkap zu fahren, aber ohne Begleitung traue sie sich das nicht zu. Das wäre dann doch jetzt die ideale Gelegenheit für sie: Sie fährt in einem Event, zwar nicht mit einem festen Partner, aber auch nicht ganz alleine! Wir riefen sie an und erzählten ihr von unserem Vorhaben. Sie überlegte ein paar Tage und meldete sich dann auch an! Und einige Tage später erfuhr Udo von seiner Arbeitskollegin Christine, mit der er schon früher viele Events gemeinsam gefahren ist, dass sie sich auch bereits registriert hat.

Ich war mir noch nicht sicher, ob es mir gefällt, dieses Unternehmen nun nicht mehr für mich alleine proklamieren zu können. Fand es dann aber doch beruhigend zu wissen, zumindest am Start bekannte Gesichter zu sehen.

Donnerstag 18.07. Anreise Endlich geht es los!

Nach wochenlanger Planung und Überlegung, was ich an Ausrüstung mitnehmen will oder dann doch nicht mitnehmen werde, war nun endlich Schluss mit dem ewigen Hin und Her. Das Rad hatte in den letzten Wochen alle nötigen Reparaturen erhalten: Reifen, Kassette und Kette waren neu, die Taschen gepackt und ans Rad geschnallt. Der neue Nabendynamo für Front- und Rücklicht, sowie die zusätzliche Lademöglichkeit funktionierten endlich einwandfrei. Das gab mir ein Gefühl der Erleichterung. Jetzt ging es nur noch vorwärts. Es gab keine Abwägungen und Entscheidungen mehr. Ende der Planungsphase und endlich Aktion!

Mein reisefertiges Rad:

Eine Liste und ein Foto der Ausrüstung folgen am Ende des Reiseberichtes.

Am S-Bahnhof in Freiberg:

Mit der S-Bahn fuhren Udo und ich früh morgens ab Freiberg nach Stuttgart, von dort mit dem ICE nach München. Die für uns und unsere Räder reservierten Plätze waren tatsächlich frei, und der Zug war pünktlich! Schon zwei Stunden später kamen wir am Münchner Hauptbahnhof an, und wir radelten noch etwa zwei Kilometer weiter bis zum Busbahnhof.

Das nächste Abenteuer: Flixbus! Wo würden wir wohl die Räder unterbringen dürfen? Die Hoffnung war, dass der Bus einen Radträger am Heck hätte, aber die Räder mussten leider in den Laderaum verfrachtet werden. Immerhin war dort so viel Platz frei, dass unsere „Schätzchen" nicht aufeinander gelegt werden mussten.

Im "Bauch" des Flixbusses:

Da ich selbst die Bustickets gebucht hatte, hatten wir Plätze ganz vorne direkt hinter dem Fahrer (Udo hätte wohl lieber hintere Plätze gebucht, aber dort werde ich immer seekrank...). Der Bus hatte als Endziel "Roma" im Fenster angeschrieben. Das erklärte auch, warum der Bus mit zwei Fahrern besetzt war. Die beiden waren Italiener und rauchten bei jeder sich bietenden Gelegenheit. Sogar während der Fahrt neben dem offenen Fenster.

Die Route führte über den Brenner, und die Vorstellung, dass wir entlang dieser Trasse zwei Tage später mit dem Rad in entgegengesetzter Richtung fahren würden, war für mich sehr surreal. Die Strecke zog sich zäh dahin, und ich wollte mir nicht vorstellen, wie lange es dann erst mit dem Rad dauern würde. Und die Etappe hier in Italien war ja erst der Anfang! Ich versuchte nicht daran zu denken...

In Bozen mussten wir umsteigen und überbrückten die Wartezeit auf der Außenterrasse einer kleinen Bar, die schon bessere Zeiten gesehen hatte. Oder vielleicht einfach nur abends mit der richtigen Beleuchtung heimelig wurde. Aber der Kaffee war gut!

Dann ging die Fahrt weiter, und am Nachmittag kamen wir im sehr warmen Rovereto an. Der Bus hielt gegenüber vom Bahnhof, und dort sahen wir schon die ersten anderen Teilnehmer. Leicht zu erkennen an ihren vollbepackten Rennrädern. Wie aufregend! Aus allen Richtungen der Welt kamen Fahrer hierher, um sich gemeinsam auf diese lange Reise zu begeben. Ich fand das total spannend!

Wir fuhren zu unserer Unterkunft, einer Ferienwohnung, die für uns vier (Christine, Karin, Udo und mich) gebucht war. Vor dem Wohnhaus trafen wir gleich auf Karin, die sich gerade mit John, einem Mitfahrer aus Irland, unterhielt. Karin war wegen der besseren Zugverbindung schon am Vortag angereist. Sie hatte noch ein Ticket mit reserviertem Stellplatz für das Fahrrad für die gesamte Strecke bis Rovereto ergattern können. Nach der großen Begrüßungsfreude gingen wir erst mal in Ruhe einen Kaffee trinken. Das ist für uns ein Muss in Italien: Ankommen und auf einen Cappuccino in die Bar! Es war total heiß. An der Sonne war es kaum auszuhalten. Aber drinnen sitzen war keine Option!

Fahrt durch Rovereto zum Hotel:

Anschließend bezogen wir die Wohnung. Sie war geräumig und sehr schick eingerichtet, alles in elegantem Weiß (wenn der Vermieter wüsste, dass wir unsere Räder in seiner Wohnung parken...). Es war schwierig, über die sehr enge Altbau-Treppe oder wahlweise mit dem Mini-Aufzug in den ersten Stock zu kommen. Ein Rad passte hier nur hochkant hinein. Wir beschlossen einhellig, die Räder erst wieder zum Start am Samstag aus der Wohnung zu holen und einstweilen im Ort alles zu Fuß zu erledigen! Die Zimmeraufteilung war schnell geklärt: Udo und ich bekamen das Schlafzimmer, Christine und Karin das große Schlafsofa im Wohnzimmer. Aber Karin bevorzugte dann doch die Luftmatratze und den Schlafsack in unserem Balkonzimmer.

Das Balkonzimmer, hier schliefen Karin und unsere Räder:

Kurz darauf kam auch Christine an und zog bei uns ein. In der Wohnung war es sehr laut, da das Haus direkt an einem Gebirgsbach lag. Das Wasserrauschen war enorm. Wir stellten nur kurz die Räder ab, tauschten die Radklamotten gegen Straßenklamotten und liefen dann zu Fuß ins Städtchen. Unterwegs trafen wir immer wieder andere Teilnehmer, darunter auch Bernd, den wir von ARA Schönbuch kennen und der letztes Jahr schon am Northcape4000 teilgenommen hatte. In Begleitung von Bernd war Marco aus München, den wir dann im Laufe unserer Reise noch öfter treffen sollten.

In einem Supermarkt besorgten wir noch Obst und Kekse für den Nachmittagssnack und ein paar Zutaten fürs Frühstück am nächsten Morgen. Zurück in der Wohnung tranken wir gemütlich Tee und plauschten über das bevorstehende Abenteuer. Es beruhigte mich, dass selbst die (in meinen Augen) Profis sich nicht sicher waren, ob sie die richtigen Ausrüstungsgegenstände dabei hatten oder nicht. Zu viel oder zu wenig Gepäck. Es sind immer dieselben Überlegungen...

Mittlerweile war schon Abendessenzeit, und wir machten uns wieder zu Fuß auf ins Zentrum mit seinen hübschen Altstadtgässchen. Der Hunger war bei uns allen groß, aber die anvisierte Pizzeria war leider bis auf den letzten Platz belegt. Drinnen wäre noch einiges frei gewesen, aber an so einem schönen Sommerabend drinnen zu sitzen wäre ein Frevel! Mit Hilfe von Google Maps fanden wir ein paar hundert Meter weiter noch ein Ristorante, ebenfalls krachend voll, hatten aber Glück, denn gerade war ein Tisch frei geworden. Die Pizza schmeckte, und wir waren satt und zufrieden.

An der Bar Centrale gönnten wir uns noch ein Gläschen Wein. Vom Platz nebenan hörte man laute Tanzmusik – eine öffentliche Veranstaltung, bei der Tango und Co vom Band gespielt wurden, und wer mochte, tanzte dazu. Ich war beeindruckt, wie viele gute Tänzer und Tänzerinnen sich dort elegant bewegten.

Wir schlenderten zurück in die Ferienwohnung und hatten eine erholsame Nacht, trotz des lauten Gewässers unter den Fenstern.

Aussicht aus unserem Apartment auf den Fluss:

Freitag 19.07. In Rovereto. Es wird ernst!

Nachdem alle ausgeschlafen hatten und jeder sein Frühstück gemütlich genossen hatte, brachen Udo und ich zu einem Stadtbummel auf. Die Bar Centrale hatte schon wieder geöffnet, und wir gönnten uns dort einen Kaffee und ein Cornetto. Im Supermarkt holten wir noch Nachschub an Keksen und Proviant für die erste Etappe, die uns ja schon morgen bevorstand.

Am Nachmittag fand auch das Briefing in einer ehemaligen Tabakfabrik am Stadtrand, in der jetzt moderne Büros und Lager untergebracht sind, statt. Der Innenhof war so groß wie eine Turnhalle – hier soll dann auch der Start am Samstag stattfinden.

Die meisten Teilnehmer kamen mit dem Rad. Wir hatten es vorgezogen, den Weg zu Fuß zu meistern. Zum einen, weil es wie erwähnt zu umständlich gewesen wäre, die Räder aus der Wohnung und später wieder hinein zu bugsieren. Zum anderen, weil genügend Zeit war und wir gut auch mal eine Stunde zu Fuß gehen konnten. Ausserdem würden wir ja die nächsten Tage noch lange genug im Sattel sitzen.

Jeder Teilnehmer durfte seine Startunterlagen in Empfang nehmen. In einem Briefumschlag befanden sich ein Rahmenschild fürs Rad, zwei Kabelbinder fürs Befestigen des Schildes und ein Käppchen. Das war's dann auch schon. Nicht gerade viel angesichts des Startgeldes. Meine Startnummer war die 210, Udo's die 219, Karin fuhr unter der Nummer 342 und Christine hatte die 169. Auf einem großen Plakat mit dem schicken NorthCape4000-Logo durfte jeder Teilnehmer unterschreiben. 350 Startplätze wurden dieses Jahr vergeben, und dem später sehr vollgeschriebenen Blatt nach zu urteilen, waren auch alle hier anwesend.

Die Unterschriftensammlung:

Ein paar wenige Werbepartner hatten ihre Ständchen aufgebaut. Ich hätte für solch einen Event mehr erwartet, denn das ist eine gute Bühne, um seine Produkte fürs Ultracycling vorzustellen. Aber vielleicht ist es effektiver, Werbung übers Internet zu betreiben, oder der Veranstalter hat sich nicht die Mühe gemacht, mehr Aussteller zu gewinnen.

Aber am interessantesten waren die rechts und links der großen Halle entlang der Wände abgestellten Räder der anderen Teilnehmer. Keines glich dem anderen. Jeder Fahrer hatte eine individuelle Lösung für Taschen, Flaschen, Navi-Halterungen,

Stromversorgung für unterwegs etc. gefunden. Da gab es viel zu schauen und abzuspickeln. Diese Set-ups gibt es nicht von der Stange. Da muss jeder für sich herausfinden, was zu ihm selbst, dem Rad und dem Zweck passt. Es kostet viel Zeit und Geduld fürs Ausprobieren. Und oft investiert man ins falsche Konzept, bevor man DIE Lösung für sich gefunden hat. Umso spannender war es zu sehen, was andere Teilnehmer aus dieser Herausforderung gemacht haben.

Die fantastischen Vier:

v.l.n.r. Udo, Silvi, Christine, Karin

Wenn man die Ultracycling-Szene nicht kennt, würde man hier wahrscheinlich nur muskelgestählte Athleten erwarten. Das Bild der Teilnehmer zeigt aber, dass es wohl weniger auf den Körper ankommt als auf die mentale Stärke, die Einstellung und das Durchhaltevermögen. Wie üblich gab es Teilnehmer aller Couleur – große, kleine, dicke, dünne, jüngere, ältere. Alle namhaften und unnamhaften Klamottenmarken waren vertreten. Der Frauenanteil lag laut Veranstalter bei 13 %, womit sich die ansteigende Tendenz der letzten Jahre erfreulicherweise fortsetzt. Wobei ich zugeben muss, dass ich es immer ganz cool fand, zu einer ganz kleinen Minderheit zu gehören…

Briefing der Teilnehmer:

Fürs Briefing waren für die 350 Teilnehmer lange Stuhlreihen aufgestellt. Auf jedem Stuhl lag eine kleine Wasserflasche bereit. Wir setzten uns am Rand der Stuhlreihen auf den Boden, denn die vorderen Stühle waren schon besetzt. Und auf den hinteren war die Sicht schlecht.

Die Begrüßung durch den Veranstalter und einen offiziellen Vertreter der Stadt Rovereto (der dann auch gleich danach wieder verschwand) und die folgenden Ansprachen wurden nacheinander erst auf Italienisch, dann auf Englisch gehalten. Das Briefing war langweilig. Mehr oder weniger wurde lediglich das komplette Handbuch vorgelesen, das wir schon Wochen vor dem Start per E-Mail zugesendet bekommen hatten. Ich kannte es fast schon auswendig. Der einzig interessante Punkt war die Geschichte mit dem Tracking: Statt eines GPS-Trackers, den man bei sich führen muss, mussten wir eine uns völlig unbekannte App aufs Smartphone laden und uns dort anmelden. Diese Information wurde erst wenige Tage vor der Veranstaltung an die Teilnehmer verbreitet. Die App namens Whipp sorgte allgemein für Verwirrung und Unsicherheit. Der einzig beruhigende Aspekt war für mich, dass alle anderen mit der gleichen Sorge an den Start gingen.

Eine sonst übliche abendliche Pasta-Party seitens des Veranstalters gab es nicht, stattdessen eine Empfehlung, wo man lecker essen könnte. Schade.

Nach den Reden löste sich die Veranstaltung auf, und wir wanderten zurück zur Wohnung. Jetzt war jeder mit sich und seinem Rad beschäftigt. Getratscht wurde nicht mehr viel. Wir kümmerten uns noch um die letzten wichtigen Dinge wie z. B. das Laden von Handy und Navigationsgerät, den Akkus für die elektrische Schaltung, das Packen der Taschen, das Verteilen von Nüssen und Energieriegeln in die "Futterbeutel", und das Bereitstellen der Trinkflaschen in der Küche für den nächsten

Morgen. Die allgemeine Nervosität stieg. Jeder hat des Öfteren hinterfragt, ob er tatsächlich auch an alles gedacht hatte. Ich habe mich auf mein Tun konzentriert und wollte mich von den anderen nicht ablenken lassen – und das ist mir auch gut gelungen. Es herrschte eine geschäftige Ruhe. Nur der Gebirgsbach toste wie immer unter den Fenstern.

Wir spazierten wieder in die Altstadt, um zu Abend zu essen. Wir einigten uns auf ein chinesisches Restaurant, in dem wir zunächst Plätze im Außenbereich einnahmen. Nur wenige Minuten später zogen wir aber dann nach innen um, weil es tatsächlich zu regnen begann. Die Wettervorhersage hatte tatsächlich recht: Es sollte ab dem Abend die Nacht hindurch regnen, am nächsten Tag aber wieder auflockern und trocken bleiben.

Das Essen war sehr gut. Pappsatt gingen wir zur Wohnung zurück. Dort hat sich jeder gleich in seinen Bereich verkrümelt und still noch die letzten Vorbereitungen getroffen. Den noch am Nachmittag gekauften Wein und das Bier wollte keiner mehr trinken. Wir hofften, dass sich der Vermieter oder der nächste Bewohner darüber freuen würden.

Tag 1 Samstag, 20.07. Der Start und Arrivederci Italia

Wir sind gegen 6:00 Uhr aufgestanden und genossen eine letzte Dusche - wer weiß, wann es solch einen Luxus wieder geben würde?

Wir stärkten uns noch mit einem Müsli, dann ging es auch schon los. Die Räder wurden über das enge und verwinkelte Treppenhaus oder wahlweise hochkant im Aufzug wieder hinunter bugsiert. Es hatte aufgehört zu regnen. Leicht bergab ging es in der lauen Morgenluft durch den noch stillen Ort in Richtung Progetto Manifattura, der ehemaligen Tabakfabrik. Es war noch ein wenig Zeit und es sorgte wohl bei einigen Fahrern für Verwirrung, als wir kurz vor Erreichen des Startgeländes noch einmal abbogen, in entgegengesetzter Richtung weiterfuhren und im nächsten Café anhielten. Auf der Terrasse genossen wir unseren Cappuccino und sahen zu, wie ein Teilnehmer nach dem anderen auf der Straße an uns vorbeirollte. Dann ging es auch für uns los und wir fuhren zum Startgelände. Schließlich sollte ja auch noch ein Bikecheck stattfinden, dachten wir. Aber es gab keine Anlaufstelle für eine technische Prüfung - lediglich ein Mann, der ein T-Shirt der Veranstalter trug, musterte aufmerksam die Räder, als die Teilnehmer an den Absperrungen vorbei in den Startbereich gelotst wurden. Vielleicht war ja das der Bikecheck? Nach meiner Auffassung sollte der Veranstalter zumindest prüfen, ob jeder Teilnehmer mit einer Warnweste ausgestattet ist, und ob das vorgeschriebene Front- und Rücklicht funktionsfähig ist. Es hat mich schon etwas gewundert, dass das hier so nachlässig gehandhabt wurde, obwohl in der Ausschreibung stand, dass der Bikecheck obligatorisch sei.

Wir reihten uns in den Pulk an der Startlinie ein. Hier und da wechselte man ein paar Worte und Udos Auflieger-Schonbezüge, die ich ihm in pinkfarbener Wolle (das war sein Farbwunsch!) gehäkelt hatte, fanden ein paar Bewunderer. Über uns hörte man das Surren einer Drohne und ein Mann am Mikrofon versuchte, die Menge mit „Northcape-Northcape-Northcape"-Parolen in Stimmung zu bringen. Aber die Resonanz war eher verhalten. Wir wollten keine Party – wir wollten endlich losfahren!

Das Warten am Start:

Foto: Northcape 4000 (Matteo Dunchi, Darim Da Prato, Francesco Nguyen)

Dann endlich fiel der Startschuss. Hier sah ich Christine wie erwartet zum letzten Mal. Sie ist eine sehr starke Fahrerin und zog gleich vom Start weg mit der Führungsgruppe davon. In der Aufregung habe ich vergessen, mein Garmin zu starten. Hypernervös fingerte ich an dem Gerät herum. Es zeigte mir plötzlich die Strecke nicht mehr an, und die mir sonst völlig logische Abfolge an Tastenkombinationen wollte mir nicht mehr einfallen. Dann endlich, nach einem Kilometer, hatte ich es geschafft. Oh Mann, das war mal wieder typisch für mich. Mein Puls beruhigte sich allmählich wieder, und ich musste über mich selbst lachen.

Die Strecke führte schon nach wenigen hundert Metern weg vom Straßenverkehr auf den Etschtal-Radweg. Der war zu Beginn noch sehr verwinkelt und unübersichtlich. Es war sehr anstrengend im Pulk mitzuschwimmen. Ich bin es nicht gewohnt mit so vielen Menschen zusammenzufahren. Ich musste mich voll konzentrieren und verfiel in eine unnötige Hektik. Irgendwie kam Angst auf schon jetzt den Anschluss zu verlieren. So ein Blödsinn! Zudem war viel Gegenverkehr unterwegs. Zumeist vollbepackte Tourenräder, die vom Brenner abwärts gemütlich gen Süden rollten.

Im Etschtal:

Nach ein paar Kilometern hatte sich das Feld schon etwas auseinandergezogen und ich wurde ein wenig entspannter und konnte auch mal einen Blick auf die Umgebung riskieren. Dann – ich hatte gerade eine „stabile" Gruppe gefunden, deren Tempo mir gut passte, war plötzlich ein „Platsch" hinter mir zu hören: Mitten auf einer holprigen Holzbrücke, die über die Etsch führte, hatte sich meine Gepäckträgertasche aus der Halterung gelöst und ist auf die Brücke geplumpst. Was für ein Riesenglück, dass die hinter mir Fahrenden alle so gut reagiert haben und ausweichen konnten. Und ein Riesenglück, dass die Tasche nicht in die Etsch gefallen ist! Ein Mitfahrer hat für mich die Tasche aufgehoben und sie mir mit breitem Grinsen überreicht. Auch diesen Teilnehmer sollte ich noch öfter sehen. Das kleine Unglück war meiner Schusseligkeit geschuldet. Kurz vor dem Start hatte ich noch bemerkt, dass eine Schraube, die die Tasche mit ihrem Unterbau verbindet, gelockert war. So gut es ging, hatte ich die Schraube wieder angezogen, danach aber die Tasche offensichtlich nicht mehr richtig auf dem Gepäckträger arretiert. Dummer Fehler!

Es war sehr warm. Bereits zum Start hatten wir 20° und das Thermometer kletterte im Laufe des Tages auf über 30°. Brunnen mit frischem Trinkwasser entlang der Strecke waren hochfrequentiert von uns Radlern!

Das zweite Frühstück liegt schon parat

Durch das Etschtal begleitete uns leichter Gegenwind, die Strecke verlief bis Sterzing auf dem ruhigen, überwiegend flachen, aber größtenteils langweiligen Etschtal-Fahrradweg. Immer wieder hatte ich die Möglichkeit, im Windschatten mitzufahren und kam dadurch ganz gut voran. In Sterzing habe ich an einem Imbiss Udo wiedergesehen. Er rollte heran als ich gerade meine Zuckerladung in Form von Fanta und Twix genoss.

Ab Sterzing wurde die Strecke steiler und führte dann

aussichtsreich am Hang entlang, oberhalb der alten Brennerstraße. Ich konnte es nicht erwarten, oben anzukommen. Vermutlich deshalb zog es sich für mich endlos, bis ich schließlich den Brennerpass erreichte. Für mich ein erster Höhepunkt dieser Reise. Unzählige Male waren mein Ex-Mann Oliver und ich während unserer Urlaube im Stubaital auf einen Abstecher auf den Brenner gefahren, wenn wir einen Ruhetag vom Wandern einlegten, oder das Wetter zum Wandern zu schlecht war. Im Outlet hatten wir die Zeit verbummelt und manche Klamotten-Schnäppchen gemacht. Bei Karl am Imbiss gab es dann immer eine Wurst – aber natürlich nur eine, die wir uns dann teilten, weil sie so teuer war... Auf diese Wurst hatte ich mich diesmal wieder so gefreut. Ich hätte ja sogar auch eine ganz für mich alleine gehabt - aber den Imbiss gab es nicht mehr! Das Gebäude, vor dem der Imbisswagen immer stand, war abgerissen und der Platz davor war leer. Naja, Karl müsste jetzt auch schon über 60 sein und ist sicherlich in Rente. Oder Corona hat dafür gesorgt, dass er seine Einnahmequelle verloren hat. Schade. Ich hoffe es geht ihm gut!

Hier oben zu sein war für mich der erste Höhepunkt dieser Reise. Nie im Leben wäre ich damals auf die Idee gekommen, mit dem Rad hier hinaufzufahren. Und jetzt stand ich tatsächlich da! Unfassbar!!

Neben Karl's ehemaligem Stellplatz gab es einen Döner-Laden, dort habe ich mir Pommes und eine Fanta gegönnt. Kurz darauf kam auch Udo an. Gillian setzte sich auch zu uns, eine sehr nette mitradelnde Irin, deren helle Haut offensichtlich schon jetzt sehr unter der südlichen Sonne gelitten hatte. Trotz der Hitze trug sie Armlinge, um sich vor der grellen Sonne zu schützen.

Sie hat sich mit Udo über den Transatlantic Way unterhalten, ein Langstreckenradrennen, das über ca. 2500 km entlang der irischen Westküste führt, an dem sie bereits zweimal teilgenommen hatte - als Irin fühlte sie sich da wohl besonders verpflichtet.

Als wir gerade kurz vor der Weiterfahrt an einem Brunnen noch unsere Trinkflaschen auffüllten, kam auch Karin an. Das war das letzte Mal, dass wir sie gesehen haben.

Nach dem Brennerpass rollte es flott bergab bis Matrei. Da wechselte die Strecke die Talseite und wir fuhren anstatt der ruhig abwärts führenden Bundesstraße auf der anderen Talseite weiter. Diese Strecke hatte viele kleine Kurven und fiese Stiche. Die Sonne knallte in den langen Hang und es dauerte gefühlt eine halbe Ewigkeit, bis endlich ein langgezogener, holpriger Feldweg steil nach Innsbruck hinab führte. Es war schon nach 17:00 Uhr als ich durch die Stadt rollte. Zum Glück war wenig Verkehr – erst ab der Gegend um das Innufer und der schönen Altstadt waren sehr viele Fußgänger unterwegs. Doch heute war keine Zeit Innsbruck zu genießen. Ich war ja schon öfter hier und werde sicherlich auch mal wieder vorbeikommen und mich dann gerne an diese Fahrt durch die Stadt erinnern.

Die Strecke führte aus der Stadt hinaus weiter auf einem schönen Radweg, der entlang der Autobahn und des Inns verlief. Eine Baustellenabsperrung habe ich dank des Tipps einer einheimischen Radlerin einfach durchfahren, anstatt die Umleitung zu nehmen. Das hat mir ein paar Kilometer gespart.

Es war schon nach 18:00 Uhr und ich rief, wie vereinbart, bei der Pensionswirtin in Leutasch, Frau Heise, an. Hier hatte ich ein Zimmer vorgebucht und auch Udo wollte hier übernachten. So konnten wir uns die Kosten teilen und er war nicht in der Versuchung, die erste Nacht durchzufahren und dann vielleicht schon zu Beginn zu schnell zu ermüden.

Da wir ja noch von Telfs bis Leutasch einen langen Anstieg hochkurbeln mussten, avisierte ich unsere Ankunft auf ca. 21:00 Uhr. Der Anstieg war mühsam, ich hatte schon über 200 schnelle Kilometer in den Beinen und war platt. Während einer meiner Schiebepausen traf ich auf Annika, die mir zur Stärkung ein Stück Schokolade anbot. Das fand ich total nett. Sie erzählte, dass sie ein Zelt dabei hat und dann oben auf der Hochfläche bei Leutasch einen Platz zum Übernachten finden wolle.

Dann endlich, oben auf der „Passhöhe" angekommen, ging es wieder ein paar Meter bergab und es rollte gemütlich nach Leutasch. Diesen Ort gibt es nach meinem Verständnis nicht wirklich. Es ist ein Verbund vieler kleiner Teilorte, die jeweils ein bis zwei Kilometer auseinander liegen. Unsere Pension war im letzten Ort: Moos. Es dauerte gefühlt ewig und ich befürchtete schon vorbeigefahren zu sein. Immer wieder schaute ich auf Google Maps nach und fragte unterwegs sicherheitshalber noch ein junges Spaziergängerpaar, ob es noch weit sei bis zur Hausnummer 179.

Kurz darauf ein Lichtblick: Ein italienisches Restaurant hatte noch geöffnet und wegen meines Riesenhungers (und mangels Alternativen: es gab weit und breit nichts anders) hielt ich an und ging hinein. An der Theke des schicken Lokals wollte mich der Besitzer total unfreundlich abwimmeln mit der Begründung, es gäbe kein Essen mehr. Schließlich ließ er sich zu einer Portion Spaghetti zum Mitnehmen überreden und kassierte dafür 14 €. Schlichtweg eine Unverschämtheit. Er ging sogar nach draußen um sich davon zu überzeugen, dass ich mein Rad nicht vielleicht doch heimlich auf seiner schönen Terrasse abgestellt hatte. Dabei war es ja schon sehr spät und kühl. Die Terrasse war menschenleer und dunkel. Unfassbar, dieser Mensch. Ich hatte den Eindruck, sogar seinen Angestellten war sein Verhalten peinlich.

Mit der Spaghetti-Tüte am Lenker fand ich dann auch 200 Meter später endlich die Pension „Fuirerhof". Die Wirtin, Frau Heise, machte die Tür auf und lachte: „Ach herrjeh, Sie kommen mit dem Fahrrad! Ich hab mich schon gewundert, warum Sie meinten, dass Sie vom Tal bis hierher noch über zwei Stunden brauchen werden". Irgendwie hatte ich das wohl bei der Zimmeranfrage nicht klar kommuniziert. Sie zeigte mir den Schopfen, in dem die Räder abgestellt werden konnten, und ich ging wieder hinaus, um mein vor dem Haus abgestelltes Rad zu holen. Da stand dann tatsächlich das Paar, das ich zuvor wegen des Weges angesprochen hatte. Sie wunderten sich, dass so spät abends immer noch einige Radfahrer hier durchfahren und wollten nun von mir wissen, warum wir denn alle hier noch unterwegs sind. Sie waren zutiefst beeindruckt, dass es tatsächlich Menschen gibt, die mit dem Rad freiwillig so weit fahren wollen. Während unserer Unterhaltung kam auch Udo an. Wir konnten bei Frau Heise sogar noch zwei Flaschen Bier als Schlummertrunk kaufen.

Im für diese alpenländischen Bauernhäuser typischen langen und breiten Hausflur roch es nach Kuhstall, der grenzte nämlich direkt ans Haus. Mit direktem Zugang durch eine Tür im Schopfen. Der Geruch erinnerte mich an die Pension von Frau Kathrein in Fiss, wo ich in der Kindheit immer die Sommerferien mit meinen Eltern verbrachte. Ein Geruch, der mir sofort ein wärmendes und heimeliges Gefühl vermittelte, aber auch die schlechte Erinnerung an die von mir so verhasste lauwarme Milch mit ekliger Haut auf der Oberfläche.

Die Klärung des Frühstücks für den nächsten Morgen gestaltete sich etwas umständlich. Wir wollten schon um 5:30 Uhr losfahren und baten darum, dass Frau Heise uns einfach ein Müsli und etwas Joghurt in den Frühstücksraum stellt. Dann können wir uns selbst bedienen und früh losfahren. Bei all dem vielen Erklären, wo im Frühstücksraum was zu finden ist, wurde es dann der guten Frau zu umständlich und sie meinte: „Ach, dann stehe ich halt früher auf und mache Ihnen morgen ein kleines Frühstück".

Zurück im Zimmer gab es dann endlich die mittlerweile kalten Spaghetti, dafür war die Dusche schön warm :-)

Der Tag in Zahlen:
Rovereto - Leutasch: 262 km | 2516 HM
gefahrene Zeit 12h21 | verstrichene Zeit 13:38

Tag 2 Sonntag 21.07. Durch den heißen Süden

Zusätzlich zum Müsli wurde uns noch Vollkornbrot und Schmelzkäse (igitt) serviert. Dafür hätte Frau Heise nicht extra aufstehen müssen. Aber sie bestand ja unbedingt darauf. Wir bepackten dann unsere Räder im Schopfen, während der Bauer Heise in den Stall ging, um zu melken. Auch bewundernswert, ein Leben lang diese Aufgabe jeden Morgen zu erfüllen. Keine Diskussion um Liegenbleiben und Ausschlafen. Und Urlaub gibt es vermutlich nur wenig. Um 6.00 Uhr fuhren wir los, es dämmerte schon, und die Luft war kühl, besser gesagt, ich fand es saukalt. Es ging bequem über die Karwendel-Hochebene in kleinen Wellen (ein Gewann trug den passenden Namen „Buckelwiesen"). Die Morgenstimmung war wunderschön. Die Sonne war schon aufgegangen, tauchte alles in warmgoldene Farben. Über Mittenwald ging es hinab an die Leutascher Ache. Über dem Flüsschen hing in kleinen Fetzen der Morgennebel, und die Sonne wärmte mich auf.

Hier sah ich noch im Vorbeifahren Udo, der an der Sonne ein Päuschen machte. Ab diesem Tag fuhren wir jeder für sich. Nur für die erste Übernachtung hatten wir uns aus praktischen Gründen zusammengetan.

Mir gefiel die Gegend um Lenggries und Bad Tölz sehr gut, da könnte man auch mal Urlaub machen. Bei einem Bäcker am Ortseingang von Lenggries machte ich dann Frühstücksstopp. Es war nach gut 60 km die erste Möglichkeit zur Verpflegung, und es scheint auch der einzige Bäcker in der Umgebung zu sein. Die einheimischen Kunden schimpften ob des Menschenauflaufs, denn die Bäckerei und das zugehörige kleine Café waren voll von verschwitzten Radlern mit ihren Riesenbestellungen und Sonderwünschen.

Ich habe den Kaffee draußen im Stehen am Rad getrunken, nebenbei meine Butterbrezel gegessen, und mir das Rosinenbrötchen für unterwegs in die Trikottasche gestopft. Nichts wie weg hier – viel zu viel Geschnatter!

Die Weiterfahrt nach München war bequem und auf guten Radwegen entspannt zu fahren. An den Isarstränden war viel los, auf dem Wasser waren Flöße zu sehen, teils sogar mit einer kleinen Musikkapelle drauf. Der Radweg wurde immer voller, je näher man der Stadt kam. Ich beneidete die Münchner um die Möglichkeit, den Sommertag an der Isar zu verbringen, und auch die Berge sind ja von der Stadt aus ganz schnell zu erreichen. Es war wieder ein sehr heißer Tag mit über 30 Grad, und ich musste in den gefahrenen fünf Stunden schon zweimal Wasser nachfüllen und sogar einen Eisstopp an einer Tankstelle einlegen.

Durch riesige Grünanlagen, bevölkert von Sonne- und Erholungssuchenden, gelangte ich ins Stadtzentrum, und schließlich zum Infocenter am Marienplatz.

Checkpoint Nummer 1 geschafft!:

Ich holte mir um 12:23 Uhr meinen Stempel am Info-Punkt, bat eine Mitfahrerin mich zu fotografieren, und machte mich dann fluchtartig auf den Weg aus der lauten und vollen Stadt.

Meine Überlegung war, in Abensberg bei meiner Cousine Heike zu übernachten, wenn es zeitlich passen sollte. Ich hatte das im Vorfeld schon bei ihr angefragt, und sie hatte sofort angeboten, in ihrem Gästezimmer übernachten zu können. Also war für die Not diese Übernachtung schon mal gesichert. Das gab mir ein gutes Gefühl.

Die Strecke vor Abensberg hatte es ganz schön in sich. Sie führte durch ein riesiges Hopfenanbaugebiet. Die Sträßchen verliefen wie eine Achterbahn ziemlich steil auf und ab. Es war sehr heiß und es gab keinen Schatten weit und breit. Nur Hopfen links und rechts. Und vorne wieder der nächste Anstieg. Auf einer der Anhöhen stand ein junger Mann in Jeans und T-Shirt neben seinem Fahrrad am Straßenrand und applaudierte. „Dotwatcher?" hechelte ich. Einen ganzen Satz schaffte ich in dem Moment nicht. Er bejahte meine Frage mit einem knappen „Northcape!". Cool – damit hätte ich in dieser Einöde nicht gerechnet.

An einem der unzähligen Anstiege überholte mich ein Fahrer. Er sprach mich an – es war Marco, den wir tags zuvor mit Bernd in Rovereto kurz gesehen hatten. Er erzählte mir, dass er in München wohnt und sich in der Stadtmitte noch mit seiner Frau zum Mittagessen getroffen hatte. Er zog dann scheinbar mühelos weiter. Ich schleppte mich den nächsten Hügel hinauf.

Endlich war Abensberg erreicht, aber es war erst 18.00 Uhr, und ich wollte so früh noch nicht aufhören zu fahren. Ich gab Heike kurz Bescheid, dass ich nicht kommen würde, und fuhr weiter. Nächstes Ziel : Kehlheim. Dort wollte ich dann überlegen wie es weitergeht.

Gerade im McDonald's angekommen klingelte mein Handy: Udo rief an und berichtete mir von einer tollen Übernachtungsmöglichkeit im Freien. Einer kleinen Hütte auf einem Spielplatz, ca. 20 km außerhalb von Kehlheim. Direkt an der Strecke gelegen. Ein Franzose, Jacques, wäre auch da, und ich könnte dort ja auch übernachten. Dem Vorschlag folgte ich gerne, denn draußen campieren war ja kein Problem bei dem tollen Wetter. Und vor dem angesagten Gewitter sollte die Schlafstatt auch locker zu erreichen sein.

Die Strecke aus Kehlheim heraus führte über eine sehr bequem zu fahrende Steigung ein paar Kilometer durch einen Wald. Dann ging es aus dem Wald hinaus auf einer Anhöhe weitgehend flach weiter. Die Landschaft strahlte eine friedliche Ruhe aus, es roch so richtig nach Sommer, nach Stroh – die Abendstimmung war wunderschön.

Unsere Unterkunft:

Die Schlafstelle war luxuriös. Ein großer Unterstand mit drei geschlossenen Seiten, Sitzbänken und großem Tisch. Wir drei hatten bequem Platz unsere Luftmatratzen auszubreiten. Udo und Jacques hatten nach ihrer Ankunft bei einer Anwohnerin geklingelt und nach Trinkwasser gefragt. Die hatte den beiden dann gleich noch Bier, Waffeln und Kekse mitgegeben. Geredet haben wir nicht mehr viel. Während ich noch meine Sachen auspackte und die verschwitzten Klamotten übers Rad zum Trocknen drapierte, haben sich die Herren schon in ihre Schlafsäcke eingemummelt.

In der Nacht hörte ich immer wieder andere Radler vorbeifahren, und es begann zu regnen.

Der Tag in Zahlen:
Leutasch - Heimberg: 265 KM | 1661 HM
gefahrene Zeit 12:09 | verstrichene Zeit 14:53

Tag 3 Montag, 22.07. Stippvisite nach Tschechien und eine Überraschung an der Strecke

Kurz vor 5:00 Uhr starteten wir in den neuen Tag. Es hatte gerade aufgehört zu regnen, und nur die Straßen waren noch nass. Jacques war schon weg – ich hatte so gut geschlafen, dass ich nicht einmal gehört hatte, wie er seine Sachen gepackt und losgefahren war. Er hatte im Dunkeln seine Badeschlappen vergessen, was mir irgendwie leid tat, da er ansonsten so organisiert und besonnen wirkte. Aber es machte ja auch keinen Sinn, die Schuhe für ihn mitzunehmen, auch wenn er sie sicherlich vermissen würde – es war nicht davon auszugehen, dass ich ihn jemals einholen würde.

Es ging von der Hochfläche weit hinab. Im flachen Laabertal konnte ich ein paar Kilometer lang Udo im Windschatten folgen. Das Spritzwasser der noch nassen Straßen nahm ich gerne in Kauf, sparte ich doch so ein wenig Kraft und kam schneller voran. Doch dann führte die Route auf einem sandigen Radweg weiter, der auf einer ehemaligen Bahntrasse angelegt war und aufgrund des nächtlichen Regens schwer zu befahren war. Udo war schnell aus meiner Sicht verschwunden, während ich mich durch den Sand und die Pfützen kämpfte. Endlich, nach unzähligen Kilometern endete der sandige Radweg. Der Verantwortliche für diesen Belag ist bestimmt noch nie auf einem Rad gefahren, und hat keine Ahnung wie schädlich Sand für Kette und Co. sein kann. Mein Antrieb gab unüberhörbar das Signal "putz mich!" – das Knirschen tat regelrecht in den Ohren weh. An einer Autowaschanlage investierte ich 50 Cent in den Vorreiniger, den man für Felgen und Windschutzscheiben verwendet. Das

Knirschen war endlich vorbei. Leider bemerkte ich später, dass mein Vorgehen suboptimal war – die total entfettete Kette lief trocken. Zum Glück hatte ich Kettenöl dabei, und ein paar Tröpfchen taten wieder Wunder.

Die Route führte dann durch die Oberpfalz – auch eine sehr schöne Landschaft, aber wieder sehr wellig. An einem Edeka-Markt trafen Udo und ich uns wieder und kauften gemeinsam für unsere Mittagspause ein. In dem Laden hingen lustige Schilder über den Regalen. Auf Oberpfälzisch hieß es dann "Broad" statt "Brot", "Gwirzguaggn" für Sauerkonserven und "Ois wou ma niad gwisst hom, wou hi" für das Regal mit Allerlei. Sehr amüsant – ob es wohl auch irgendwo bei uns einen Edeka mit schwäbischen Schildern gibt?

Ein typischer Einkauf - möglichst viele leckere Proteine:

Das nächste Ziel war die Grenze zu Tschechien, – so weit sind wir also schon!

In Eger trafen wir uns erneut und genossen auf dem Marktplatz in einem Café Cola und Eiskaffee. Irgendwie hatten wir wohl eine stille Vereinbarung getroffen, uns doch immer wieder zu verabreden.

Es war auch heute wieder sehr heiß, und wir bestaunten die noch ursprüngliche Landschaft mit riesigen Kuh- und Pferdeweiden, Hecken zwischen den Feldern, kleinen Wäldchen und bescheidenen Dörfchen. Eine Flurbereinigung, wie wir sie in den 70ern in Deutschland erlebt haben, hatte es hier offensichtlich nicht gegeben. Der Streckenteil in Tschechien war mit 60 Kilometern relativ kurz. Es folgten noch einige kleinere Anstiege, bevor eine lange Abfahrt zum Grenzübergang nach Thüringen führte. Kurz vor der Grenze legten wir eine Rast an einer Tankstelle ein, um unsere Vorräte an Wasser und Snacks aufzufüllen. Auf der deutschen Seite ging es dann weiter in das schöne Vogtland, an Skiliften und einer Skisprung-Arena vorbei in einen langen, angenehm zu fahrender Anstieg durch den Wald.

Oben, quasi auf der Passhöhe, stand ein Auto einsam auf einem Parkplatz. Eine Frau saß im Kofferraum unter der geöffneten Heckklappe und als wir näher kamen, sprang sie auf, lief uns entgegen, winkte mit beiden Armen und rief: "Silvia!?" Ich war total verdutzt, aber dann erkannte ich sie: Es war Bea! Sie hatte 2022 beim NorthCape4000 teilgenommen und auf YouTube eine Videodokumentation hochgeladen, die ich mir zur mentalen Vorbereitung immer wieder angeschaut hatte. Bea hatte es geschafft. Sie war am Nordkap angekommen – trotz aller Widrigkeiten hatte sie immer wieder gelacht und das Beste aus allem gemacht. Ihr Video hatte mich sehr motiviert! Einen Tag vor unserer Abreise nach Rovereto hatte ich ihr in ihrem youTube-Kanal einen Kommentar hinterlassen. Mich für ihre Motivationshilfe bedankt, und zufällig hatte sie diesen Kommentar einen Tag vor unserer Ankunft hier gelesen. Bea hat das Rennen über den GPS-Tracker mitverfolgt und wusste so natürlich über unsere Position Bescheid. Sie lebt hier in der Nähe und hatte uns dann auch noch mit etwas Süßem überrascht – für jeden von uns (und auch für die anderen Starterinnen) hatte sie ein Tütchen mit Müsliriegeln und Gummibärchen gepackt.

Wir wollten dann draußen übernachten und fragten Bea nach einem Übernachtungstipp. Ihre Idee mit dem Spielplatz in Auerbach erwies sich jedoch als weniger gut geeignet – das Hüttchen dort war viel zu klein, um auch nur eine einzelne Person unterzubringen, und es waren noch zu viele Menschen unterwegs. Auf der Weiterfahrt sah ich plötzlich am Ortsende eines kleinen Dörfchens Malereien auf dem Boden: "Vorwärts - Avanti - NorthCape4000" hatte jemand auf die Straße gepinselt.

Daneben stand ein Gartentisch mit einem Wasserkanister, Bananen und Müsliriegeln und man durfte sich frei bedienen – eine tolle Idee! Ich hielt an, um ein Foto zu machen, und die Verantwortliche kam gleich durch ihren Vorgarten zur Straße zu mir gelaufen. Sie freute sich, dass ich mich so über diese unerwartete und geschenkte Verpflegung freute! Leider habe ich es versäumt, sie über ihre Beweggründe zu befragen.

Udo und ich verabredeten, im nächsten größeren Ort, Lengenfeld, einen gemeinsamen Schlafplatz zu suchen und fanden ein überdachtes, halbwegs vor fremden Blicken geschütztes Plätzchen direkt vor einem dm-Eingang. Der Teppichboden im Eingangsbereich bot zusammen mit unseren Isomatten einen guten Schutz vor dem kalten Boden.

Der Tag in Zahlen:
Heimberg – Lengenfeld 246 KM , 2583 HM
gefahrene Zeit 12:57 | verstrichene Zeit 16:30

Tag 4 Dienstag, 23.07. Immer noch heiß

Um 4:25 Uhr brachen wir auf. Gegenüber bei Lidl rangierte gerade der erste Lkw an der Rampe für die Anlieferung. Während wir unsere Sachen zusammenpackten, sahen wir andere Teilnehmer an der nahen Hauptstraße vorbeiziehen – wohl ebenfalls Frühaufsteher. Wir radelten durchs Vogtland und erlebten einen wunderschönen Sonnenaufgang. Die Gegend war wirklich schön, das Terrain angenehm zu befahren: leicht hügelig, aber ohne anstrengende Steigungen. Die Strecke führte größtenteils an Flussradwegen entlang. Ich weiß nicht, wieviele Ortsschilder ich unterwegs schon gelesen und auch schon wieder vergessen habe noch bevor ich aus dem Ort wieder draußen war. Meistens weiß ich nicht einmal in welchem Ort ich gerade anhalte... Es fiel mir jedoch immerhin auf, dass hier viele dieser Namen auf „-itz" endeten. In der Gegend in der ich zu Hause bin liest man dafür häufig Ortsnamen mit der Endung „-ingen".

Die Kilometer summierten sich allmählich. Das nächstes Ziel – der Kontrollpunkt Nummer Zwei in Berlin – war jetzt im Blick. Es war wieder ein sehr heißer Tag, und der Durst ließ nicht lange auf sich warten. Es war schwierig an Wasser zu kommen - die kleinen Dörfer waren wie leergefegt. Keine Geschäfte, keine Menschen auf den Straßen, keine Friedhofsbrunnen. Das Kopfsteinpflaster in vielen Orten war eine zusätzliche Herausforderung. Die übliche Distanz zwischen zwei Supermärkten entlang der Strecke betrug gerne mal 50 Kilometer.

Die Mais- und Getreidefelder waren riesig, doch keine Bauernhöfe waren zu sehen. Es schien, als wäre die Landwirtschaft hier völlig industrialisiert. Monströse

Mähdrescher ernteten das Getreide in Dreier- oder Vierer-Reihen und Kolonnen von Traktoren mit Ihren Anhängern warteten auf ihre Beladung.

Udo und ich fuhren zwar noch offiziell getrennt, trafen uns aber immer wieder an strategischen Punkten für Einkäufe oder Pausen. Wir hatten die Idee, Berlin in der Nacht zu durchqueren. Eine Stadt bei Nacht hat ihren ganz eigenen Reiz – es gibt viel weniger Verkehr und man kommt gut voran. Der Kontrollpunkt am Brandenburger Tor würde dann bei unserer Ankunft wohl geschlossen sein. Das war uns aber egal, denn der Tracker zeichnet unsere gefahrene Strecke auf, und ein Beweisfoto war laut dem Regelwerk ebenfalls zulässig.

Aber das Wetter hatte etwas gegen unseren Plan: ein Blick auf die Wetter-App war nicht nötig – der Himmel zeigte auch so schon deutlich, dass ein Gewitter naht. Das entfernte Donnergrollen war bereits deutlich zu hören. Kurz vor Luckenwalde setzte dann der erste starke Wind ein . Ich schaute schnell auf Booking.com nach einer Unterkunft und sah, dass das nächstgelegene Hotel 5 km zurücklag. Also rief ich Udo an, der irgendwo hinter mir fuhr und bat ihn, dort zu bleiben während ich das kurze Stück wieder zurückradelte. Wir sicherten uns das vorletzte Zimmer. Der Hotelchef wunderte sich, dass an diesem Abend noch so viele kurzfristige Anfragen reinkamen. Im Hotel nutzte ich die Gelegenheit meine Hose und meine Socken zu waschen und mit dem Föhn zu trocknen. Udo traf draußen auf einen gewissen Stefan aus Südtirol, der ebenfalls kurzfristig eingecheckt hatte. Stefan sollten wir in den kommenden Tagen noch öfter sehen.

Beim Auspacken stellte ich fest, dass sich das Schräubchen an meiner Gepäckträgertasche, das ich in Rovereto noch festgezogen hatte, inzwischen verabschiedet hatte. Meine Gepäckträgertasche saß daher hinten links nicht mehr fest auf der Halterung und klapperte. Der Plan war folglich, am nächsten Tag einen Handwerker oder einen Radladen zu finden, der das Problem beheben könne.

Der Tag in Zahlen:
Lengenfeld – Kolzenburg: 238 KM, 1386 HM
gefahrene Zeit 10:52 | verstrichene Zeit 13:55

Tag 5 Mittwoch, 24.07. Berlin ick liebe Dir

Da wir am Vorabend früh im Hotel angekommen waren, waren wir gut ausgeschlafen und konnten heute bereits um 02:40 Uhr starten. Es regnete nicht mehr, nur die Straßen waren noch nass.

Auf dem Radweg, der durch das kleine Wäldchen von Luckenwalde bis nach Teterow führte, blockierten plötzlich drei Waschbären meinen Weg. Aufgeschreckt von meinem Scheinwerferlicht richteten sie sich auf, breiteten ihre Ärmchen aus und sahen mit ihrer maskenhaften Gesichtszeichnung aus wie kleine Ganoven. Sie machten nur zögerlich Platz, sodass ich endlich vorbeifahren konnte.

Nach etwa einer Stunde trafen wir in der Einöde an einem Kreisverkehr auf eine einsame 24-Stunden-Tankstelle, die hell erleuchtet war. Wir genossen den heißen Kaffee und die Croissants, bevor die Reise weiterging. Berlin wartete, und damit Kontrollpunkt Nummer zwei – wieder ein kleiner Meilenstein!

Udo war wieder viel schneller als ich und „verpasste" den kleinen Regenschauer, der jedoch mich überraschte. Es regnete nur kurz, eigentlich hätte sich das Anziehen der Regenjacke kaum gelohnt, aber ich trug meine Jacke ohnehin schon wegen der morgendlichen Kälte.

Mitten in Berlin, fast bei der Siegessäule, hörte ich das vertraute Rattern von Udos Freilauf hinter mir. Ich musste ihn wohl irgendwo überholt haben als er einen Bäckerstopp einlegte. Gemeinsam rollten wir durch den beginnenden Berufsverkehr zum Brandenburger Tor. Erst wenige Wochen vorher war ich diese Straße zur Siegessäule schon einmal gefahren - ich hatte zur

Vorbereitung auf Northcape 4000 eine 3-Tages-Tour von zu Hause nach Berlin unternommen. Und schon wieder bin ich hier – verrückt, wie schnell die Zeit vergeht!

Endlich – die Siegessäule in Sicht:

Kontrollpunkt Nummer 2:

Nachdem wir schnell Beweisfotos gemacht hatten (die Kontrollstelle war noch geschlossen), fuhren wir weiter durch Berlins Norden und machten einen Frühstücksstopp bei einem großen Bäcker.

Udo war wieder voraus, als er mir über Telegram schrieb, dass in Oranienburg ein Radgeschäft bereits geöffnet hatte. Ah, richtig! Die Tasche musste ja noch repariert werden! Im Laden half man uns schnell weiter. Der Mechaniker war stolz auf das stabile Schräubchen, mit dem er die Tasche wieder fest am Gestell befestigte. Auf die Frage nach den Kosten winkte er ab, aber er freute sich dann doch über die fünf Euro für die Kaffeekasse.

Danach ging es weiter zur Mecklenburger Seenplatte, auf die wir uns beide freuten. Allerdings hatten wir große Mühe, gegen den Wind anzukämpfen. Es war wieder sehr heiß, und die Radwege waren holprig. Durch die Orte führten auch noch unkomfortable Kopfsteinpflasterstraßen – aber zum Glück war ja nun meine Tasche gut fixiert!

Der Tag war insgesamt sehr anstrengend, der Wind wehte uns wie ein heißer Föhn entgegen, und es lief bei uns beiden nicht besonders rund. Dennoch hatten wir bis zum Mittag schon eine ansehnliche Strecke zurückgelegt. In Waren machten wir Halt an einem Supermarkt. Dann hatte Udo die Idee, beim „Asiaten", den er an der Hauptstraße gesehen hatte, etwas zu essen. Ich dachte, es handelte sich um einen Imbiss und willigte ein, da ich davon ausging, das der zeitliche Aufwand im Rahmen bleiben würde, aber es stellte sich als richtiges thailändisches Restaurant heraus.

Obwohl wir nicht viel Zeit mit dem Warten aufbringen wollten, folgten wir der Empfehlung eines freundlichen Ehepaares und setzten uns an den Nebentisch. Sie hatten uns über die Reise ausgefragt, und wir hatten eine sehr nette Unterhaltung. Die Wartezeit war jedoch viel länger als erwartet, was vor allem ihr sichtlich unangenehm war. Am Ende war das Essen jedoch eine willkommene Abwechslung zu unseren sonstigen Supermarkt-Mahlzeiten. Gut gestärkt ging es weiter, aber ich murrte trotzdem noch ein wenig über die lange Wartezeit vor mich hin.

Der Wind wehte immer noch stark, und wir kämpften uns tapfer vorwärts. Bald holte uns Stefan ein – jetzt erkannte ich ihn: das war der Fahrer, der mir im Etschtal meine abgestürzte Tasche aufgesammelt hatte! Wir radelten zu dritt weiter – allerdings nur ein kurzes Stück: Annika, die ich am ersten Tag kurz vor Leutasch getroffen hatte, hatte einen platten Reifen, und Stefan hielt an, um ihr zu helfen. Beim NorthCape4000 ist es ausdrücklich erlaubt, sich gegenseitig zu helfen und auch im Windschatten zu fahren. Es handelt sich ja wie eingangs erwähnt nicht um ein Rennen, sondern um eine Veranstaltung mit lediglich einem Zeitlimit von

20 Tagen, das man einhalten muss, um später in der Finisher-Liste verewigt zu werden.

Am späten Nachmittag entdeckten wir an einem See ein kleines Gartenlokal, allerdings waren die Leute dort schon am Aufräumen. Wir fragten, ob wir noch einen Kaffee bekommen könnten - der Wirt war sehr entgegenkommend und bat seine Mitarbeiterin, uns vom Hotel nebenan einen Kaffee zu bringen. Während er weiter damit beschäftigt war, seine Tische und Stühle für die Nacht mit einem langen Drahtseil zu sichern haben wir es uns in einer Hollywoodschaukel gemütlich gemacht, unser restliches Proviant aufgegessen und den Kaffee dazu genossen. Wir könnten dableiben solange wir wollen, das wäre kein Problem meinte er. Wir sollen die Tassen dann einfach an seinem Kiosk abstellen. Stefan fuhr vorne an der Straße vorbei, hat unser Rufen gehört und ist umgekehrt. Er hat schon Proviant für den Abend eingekauft und berichtete, dass ein Einheimischer sagte, dass der Wind sich in der Gegend immer erst spät am Abend legt. Und er sollte Recht behalten. Stefan radelte weiter und wir packten dann auch unsere Sachen zusammen.

Gerade als wir losfuhren, kam uns das Fotografenauto des Veranstalters entgegen - die kehrten sofort um und wiesen uns an, auf dem Radweg neben der Straße zu fahren damit sie schöne Aufnahmen von uns machen konnten. Sie haben fotografiert und gefilmt und vor lauter Anstrengung, möglichst gelassen aber sportlich zu wirken kam ich auf dem leichten Anstieg total aus der Puste. Der Fotograf war total begeistert von Udo: "wow - what an athlete" schwärmte er. Ein oder zwei Tage später sah man die Fotos und Videoaufnahmen dann tatsächlich auf Facebook und Instagram.

Es sah wirklich gut aus im Video wie wir da so fuhren, im Hintergrund die Birken im seichten Abendlicht. Pure Radlerromantik!

Foto: Northcape 4000 (Matteo Dunchi, Darim Da Prato, Francesco Nguyen)

Ziemlich erledigt erreichten wir dann unser Tagesziel Teterow und begannen mit der Suche nach einer Unterkunft. Laut booking.com gab es keine freien Zimmer mehr, aber auf Google Maps fanden wir einen Gasthof und sind hingefahren um nach einem Zimmer zu fragen. Leider war dort schon alles ausgebucht, aber die Wirtin Kristin und ein paar Stammgäste waren sehr gut gelaunt und hilfsbereit und hatten noch viele Tipps und Ideen wo wir es noch versuchen könnten. Wir hätten gerne dort zu Abend gegessen denn die Leute waren echt nett und die Stimmung sehr gut, aber die Küche hatte schon zu. Zu guter Letzt war dann das empfohlene Motel neben einer Tankstelle die Rettung.

Das Zimmer war praktisch eingerichtet, ebenerdig direkt von außen zugänglich und so gab es auch kein Problem, die Räder mit aufs Zimmer zu nehmen. Udo organisierte dann beim türkischen Imbiss noch zwei Pizzen und ich an der Tankstelle nebenan das Zielbier. Ein perfekter Abschluss des Tages.

Der Tag in Zahlen:
Kolzenburg – Teterow: 284 KM, 1018 HM
gefahrene Zeit 13:45 | verstrichene Zeit 17:48

Tag 6 Donnerstag 25.07. Schiff ahoi! Der Drei-Länder-Tag

Der Tag begann mit einer schlechten Nachricht: Karin meldete sich in unserem Telegram-Gruppenchat. Ihre Sitzprobleme hatten sich stark verschlimmert, sie wollte noch einen Arzt aufsuchen und ging davon aus, dass sie abbrechen muss. Das tat mir so leid, von uns Vieren hatte sie sich wohl am meisten aufs Nordkap gefreut.

Für den heutigen Tag stand Aufregendes auf dem Plan – ein für uns beide neues Land wartete auf uns: Dänemark! Wir wollten unbedingt die 9-Uhr-Fähre ab Rostock erwischen. Von unserem Übernachtungsort aus waren es ca. 75 km, das müsste also gut reichen wenn wir um 5 Uhr starten. Kurz nach 5 kamen wir auch tatsächlich los, die Sonne blinzelte bereits am Horizont, und es wurde recht schnell wieder angenehm warm.

Die Gegend war von Landwirtschaft und kleinen Wäldchen geprägt. Die   abgelegenen Ortschäftchen waren nicht so aufgehübscht wie weiter im Süden in der touristischen Seenplatte, und Straßenarbeiten zogen sich offenbar über Monate dahin. Ich hatte den Eindruck, ich fahre durch ein etwas in Vergessenheit geratenes Gebiet.

Lange zog sich die Fahrt durch Rostock. Nach der Stadtgrenze dauerte es noch ein paar weitere Kilometer, bis endlich Wasser in Sicht war und wir am Fährhafen ankamen. Mittlerweile waren wir dann doch etwas knapp in der Zeit und es wurde hektisch. Das Wege- und Spuren-Wirrwarr im Hafen hat uns verunsichert, und den GPS-Track auf unserem Navigerät haben wir aufgrund der Unübersichtlichkeit ignoriert. Frei Schnauze haben wir dann sämtliche Absperrungen einfach umkurvt und fuhren zu einem großen Schiff, an dem gerade Autos und Lkw verladen wurden. Zwei der Einweiser haben uns dann schließlich den Weg zu unserer Fähre der Scandlines erklärt – aber wir mussten ja auch noch Tickets kaufen! Also eilten wir den der Fähre herannahenden Fahrzeugen entgegen und fuhren das Kassenhäuschen dann quasi aus der verkehrten Richtung an. Der Mann im Häuschen schlug entsetzt die Hände vors Gesicht… wo wir denn jetzt herkämen. Das sei doch Hafengelände. Da kann man doch nicht einfach so kreuz und quer herumfahren. Wenn das die Hafenaufsicht sieht… Wir haben uns freundlich entschuldigt, und allmählich gewann der Arme auch die Fassung wieder zurück. Kopfschüttelnd (aber auch ein wenig schmunzelnd) gab er uns unsere Tickets.

In der uns zugewiesenen Wartespur Nr. 4 warteten schon einige Radler. Ebenfalls Teilnehmer unseres Events (u. a. Annika, Stefan, Gillian). Aber auch „normale" Radreisende, die alle voller Bewunderung für unser Vorhaben waren.

Warten auf die Fähre:

Ich wiederum habe diese Reisenden bewundert ob der vollbepackten und schweren Räder, die auch nicht leicht zu bewegen sind.

Im Schiffsbauch haben wir die Räder an einem Sammelplatz abgestellt und sind nach oben an Deck gegangen. Die besten Sitzplätze im Innenraum waren bereits vergeben. So beobachteten wir das Ablegen vom Außendeck aus. Das Fotografen-Team, das wir am Vortag antrafen war plötzlich auch zur Stelle. Wir haben uns ein wenig mit Matteo unterhalten. Er ist Profi-Fotograf und wurde von den Veranstaltern von der ersten NorthCape-Ausgabe an gebucht. Ganz entzückt von Udo's im Wind sachte wehender Haarsträhne, machte er ein paar nette Foto-Aufnahmen und drehte ein paar Video-Sequenzen, die später auch wieder auf Facebook zu sehen waren.

Foto: Northcape 4000 (Matteo Dunchi, Darim Da Prato, Francesco Nguyen)

Drinnen haben wir uns im SB-Restaurant mit Pommes & Co gestärkt und dann direkt am Tisch noch ein Nickerchen eingelegt. Der Vorteil beim Ultracycling ist, dass man durch den Schlafentzug nahezu an jedem Ort und in jeder Position sofort einschlafen kann.

Schon nach zwei Stunden erreichten wir Gedser und betraten bzw. berollten erstmals dänischen Boden. Die Route durch Dänemark bis zum nächsten Fährhafen in Helsingør war nur 210 km lang. Das wollten wir an diesem Tag auf jeden Fall noch schaffen. Unterwegs, kurz vor Helsingør, wartete in Kopenhagen auch noch der dritte Kontrollpunkt auf uns.

Foto: Northcape 4000 (Matteo Dunchi, Darim Da Prato, Francesco Nguyen)

Es war sehr heiß an dem Tag. Ich habe gar nicht mehr so viele Erinnerungen an die Strecke. Es ging erst lange an einer stark befahrenen Hauptverkehrsstraße entlang, das war etwas unschön.

An einem Supermarkt gab es eine erste Rast. Ich finde es immer sehr spannend, was es in anderen Ländern im Supermarkt zu kaufen gibt – ich könnte da stundenlang herumstöbern. Das Bezahlen war übrigens auch nie ein Problem in Skandinavien. Ein Geldumtausch war nicht nötig. Kartenzahlung ist überall akzeptiert und ist sogar willkommener als Barzahlung. Ich habe bei all den Tankstellen- und Supermarkt-Stopps auf unserer Reise keinen einzigen Einheimischen gesehen, der mit Bargeld bezahlt hat. Selbst am verlassensten Imbiss im tiefsten Schweden konnten wir mit der EC-Karte bezahlen.

Endlich führte die vorgegebene Strecke weg von dem geschäftigen Verkehr auf ruhigere Nebenstraßen. Kurvig und wellig ging es zwischen grünen Wiesen und frisch abgemähten Stoppelfeldern dahin. Ich hoffte immer mal einen Blick auf das Meer erhaschen zu können. Ich dachte wir fahren nahe der Küstenlinie entlang, aber da hatte ich mich wohl geirrt. Vergeblich suchte ich am Horizont rechts von mir nach dem blauen Streifen. Später am Nachmittag trafen wir im McDonald's auf Gillian und eine Teilnehmerin aus England. Die sah ziemlich k.o. aus und hatte ganz rote Bäckchen von der Anstrengung. Die Sonne tat wohl auch noch ihren Teil dazu bei.

Nach dem üblichen Big-Mac-Cheeseburger-Gelage rafften wir uns auf, wir wollten ja noch mindestens bis Kopenhagen kommen!

Und dort war was los! Es war ein lauer Sommerabend, und überall in der Innenstadt wuselte es, obwohl es ein Wochentag war. Die Straßencafés und Restaurants waren voll, und auf den Plätzen waren überall Leute unterwegs. Die Gebäude waren imposant und sehr schön, alles war in ein warmes Sommerabendlicht getaucht. Es war angenehm wenig Autoverkehr, und für Radfahrer gab es großzügige Extra-Fahrspuren. Überhaupt empfand ich Dänemark als ein sehr radfreundliches Land. An der Ampel bekam man sehr schnell grün. Die Ampeln waren oft, auch für Radfahrer, über Kontakt gesteuert, und ließen dadurch ein flüssiges Fahren zu. Die Autofahrer waren immer sehr rücksichtsvoll und geduldig. Da gab es kein Drängeln, dichtes Auffahren oder knappes Überholen. An Straßenübergängen haben sie angehalten um einen passieren zu lassen, auch wenn man noch mehrere Meter weit entfernt war.

Der Kontrollpunkt am Infocenter in der Innenstadt hatte natürlich schon geschlossen, als wir um 20:15 Uhr dort eintrafen, und wir bekamen leider wieder keinen Stempel für unser Büchlein.

Vor dem geschlossenen Infocenter:

Da die Stimmung in der Stadt so nett war, haben wir uns in einem kleinen Lokal an einem Kanal ein Bierchen gegönnt. Auf dem Kanal fuhren Leute in kleinen Elektrobooten, die ganze Szenerie war einfach nur schön und entspannend. Aber für uns ging die Reise weiter, wir wollten uns hinter Kopenhagen in Richtung des Fährhafens nach einem Schlafplatz suchen. Am Meer entlang fuhren wir gen Norden, die unzähligen Villen bestaunend, die sich kilometerlang links und rechts der Straße aneinanderreihten. Ich habe noch nie so viele große, protzige, teure Luxusvillen gesehen, teilweise sogar mit eigenem Strandzugang. Unglaublich, wie viele reiche Menschen es in Kopenhagen gibt!

Endlich waren wir aus dem Speckgürtel Kopenhagens draußen und konnten nach einem geeigneten Schlafplatz Ausschau halten – es gibt ja angeblich so viele Shelters (Schutzhütten) in Skandinavien... Pustekuchen. Wir haben uns per Google Maps zu einer solchen Stelle routen lassen, die wir auf einer App gefunden haben. Nach ein paar hundert Metern, mitten in einem kleinen Wäldchen, konnte man dann auch tatsächlich so etwas wie eine Lichtung erahnen – da sollte das Shelter stehen, bestehend aus ein paar Schutzhütten oder Unterständen. Aber da war nichts. Gar nichts. Offenbar ist der Eintrag auf der App schon etwas älter, und das Shelter existiert nicht mehr. Also mussten wir weiter suchen. Wir? Ach ja, wir fuhren ja schon wieder zusammen – oder immer noch?

Wir fokussierten unseren Blick auf Parks und Spielplätzen, aber wir haben nichts gefunden. So fuhren wir dann einfach weiter zum Fährhafen in Helsingør. Rund um die Uhr fährt ab hier stündlich ein Boot nach Schweden. Die Überfahrt dauert nur 20 Minuten. Und schwupps – waren wir kurz nach Mitternacht in Schweden – schon wieder ein neues Land! Vielleicht würden wir hier mehr Glück haben mit dem Finden eines guten Schlafplatzes! Optimistisch sind wir dann der vorgegebenen Route durch Helsingør gefolgt, auf der Suche nach dem nächsten Shelter, das auf unserer App angezeigt wurde. Wir kamen währenddessen an einem großen Spielpark vorbei, in dem es eine kleine Dino-Landschaft mit im Sand aufgestellten Holzhüttchen gab, die waren dreiseitig geschlossen und groß genug, sodass wir in einem unsere Räder abstellen, und im anderen unsere Luftmatratzen ausrollen konnten. Ein idealer Platz! Wir haben wunderbar genächtigt und waren vor dem frühmorgendlichen städtischen Reinigungstrupp auch schon wieder auf den Beinen.

Und wieder kam es mir so verrückt vor, was ich hier tue. Am Morgen noch in Deutschland, dann aufs Schiff und mit dem Rad mal so geschwind durch Dänemark gedüst, und jetzt bin ich in Schweden angekommen...

Der Tag in Zahlen:

Teterow-Rostock   73 KM, 428 HM |

gefahrene Zeit 3:15 | verstrichene Zeit 3:38

Gedser - Helsingborg 211 KM,   812 HM

gefahrene Zeit 10:8 | verstrichene Zeit 13:03

Tag 7 Freitag 26.07. Willkommen im Land der Punschrollen!

Es dauerte nicht lange, bis wir aus Helsingborg hinausgefahren waren. Es war etwas windig und bewölkt, aber es blieb trocken. Allmählich wurde die Landschaft weniger städtisch und verkehrsärmer. Wir bekamen einen Vorgeschmack darauf, was uns die nächsten Tage erwarten würde: Endlos lange Landstraßen, wenig Verkehr, Wald links und rechts der Straße. Ab und zu ein See, ab und zu ein Dörfchen und überall die hübschen roten Schwedenhäuser in den gepflegt wirkenden Orten. Pippi-Langstrumpf-Idylle. Unterwegs sah ich ein Ortsschild mit der Beschriftung „Klippan" – ob der Ort wohl Namensgeber für das gleichnamige Ikea-Sofa war?

Es gab wieder neue Supermärkte zu entdecken, eine neue Währung, Joghurts im 1-Liter-Tetrapack (passen übrigens genau in meine mittlere Trikottasche!) und an den meisten Tankstellen gab es guten Starbucks-Kaffee und leckere Hotdogs. Und natürlich auch Zimtschnecken und die Punschrollen, die meine Kollegen im Büro so gerne essen. Interessant war, dass man in kaum einem Supermarkt normales stilles Wasser kaufen konnte. Entweder gab es Wasser mit Geschmack in Form von Fruchtaromen oder mit Kohlensäure versetzt, was für uns für das Abfüllen in Trinkflaschen eher ungeeignet ist. In Schweden ist die Wasserqualität überall so gut, dass man bedenkenlos Leitungswasser trinken kann. Die meisten Landbewohner haben sogar ihren eigenen kleinen Brunnen am Haus. Für die Schweden macht es also gar keinen Sinn, Wasser im Supermarkt zu kaufen.

Endlich sah ich das erste Elch-Verkehrswarnschild und hoffte, auch bald einen echten Elch zu sehen. An diesem Tag sollte es nicht klappen (und, um es vorwegzunehmen, leider auch an allen anderen Tagen nicht).

Wir sind bis Jönköping gefahren. Dort hatten wir von unterwegs aus im Hotel Comfort ein Zimmer gebucht. Beim Einchecken sagten wir, dass wir am nächsten Morgen sehr früh wieder weiterfahren wollen. Die Rezeptionistin bot sofort an, uns ein Frühstück zum Mitnehmen vorbereiten zu lassen und gab uns Bestellzettel, auf denen wir ankreuzen konnten, was wir essen und trinken möchten. Das ist mal ein toller Service – wir waren angenehm überrascht. Ein Hotelgast mit Wodkaglas in der Hand sprach uns beschwingt an. Ihm waren die Schildchen an unseren Rädern aufgefallen und er hatte sich schon über den darauf angedruckten QR-Code im Internet schlau gemacht. Er wäre selbst auch schon die berühmte Vätternrunde gefahren.

Vätternrundan ist eine 315 km lange Radrundfahrt in Schweden, die im Juni ausgetragen wird. Es ist die größte Breitenradsportveranstaltung der Welt! Die Teilnehmerzahl musste irgendwann sogar begrenzt werden. Es gibt mit der 150 km langen Halvvättern und der 100 km langen Tjejvättern (nur für Frauen) noch zwei kleinere Rennen. Insgesamt gehen bei den Rennen etwa 35.000 Radfahrer an den Start.

An der Theke orderte Udo noch eine Dose Bier, wurde aber überdeutlich darauf aufmerksam gemacht, dass er das nur auf dem Zimmer trinken dürfe. Schweden hat sehr restriktive Vorgaben hinsichtlich des Alkoholkonsums. Alkohol ist in der Öffentlichkeit (außerhalb von privaten Räumen oder Lokalen) nicht erlaubt für Getränke mit einem Alkoholgehalt von mehr als 3,5 %. Und Alkohol darf auch nur in den staatlichen „Systembolaget" verkauft werden, und ist wegen der hohen Steuer sehr teuer. Die schwedische Alkoholpolitik geht zurück auf eine Abstinenzbewegung im 19. Jahrhundert, die als Reaktion auf die umfassenden sozialen Probleme im Zusammenhang mit dem starken Alkoholkonsum dieser Zeit (nach Schätzungen etwa das Vier- bis Fünffache des heutigen Konsums) entstand.

Der Tag in Zahlen:
Helsingborg - Jönköping 253 KM, 1019 KM
gefahrene Zeit 11:34 | verstrichene Zeit 15:00

Tag 8 Samstag 27.07. Mentales Tief trotz Schwedenidylle

Heute sind wir sehr früh aufgestanden. Wir aßen in der Hotellobby an einem Stehtischchen einen Teil des für uns in einer großen Papiertüte eingepackten Frühstücks, verstauten die Reste für unterwegs in die Trikottaschen, und fuhren los. Es war noch nicht einmal 5 Uhr, aber es war schon leicht hell trotz der starken Bewölkung. Es ist spannend zu beobachten, wie die Tage länger werden, je weiter man in den Norden kommt. Gillian war auch schon unterwegs. Sie hat bestimmt wieder irgendwo im Freien übernachtet. Aus der Stadt hinaus ging es erstmal ordentlich bergan (was ich gar nicht mag, so kurz nach dem Losfahren mit noch kalten Beinen), und leichter Nieselregen setzte ein. Ich war irgendwie total platt, kam gefühlt keinen Meter vorwärts und wäre viel lieber unten in Jönköping einfach am Bahnhof stehengeblieben und in den nächsten Zug gestiegen. Es war mein erster kleiner Tiefpunkt. Ich weiß auch nicht, was mich dann doch immer wieder vorantreibt. Übers In-mich-hinein-jammern und den Überlegungen, wie ich am elegantesten aus dem Rennen aussteigen könnte, vergingen die Kilometer und die Laune besserte sich dann irgendwann wieder. Es ist wohl das beste, einfach weiter zu fahren. Man hat ja in dem Moment auch nichts Besseres zu tun. Der Regen nervte mich. Ich war immer noch todmüde. Der Schlafentzug machte mir zu schaffen.

Endlich – nach einer gefühlten Ewigkeit erreichte ich einen größeren Ort am Vätternsee und hielt an einem Supermarkt an. Dort konnte ich meine Proviantaschen wieder auffüllen und eine Kleinigkeit essen. Es hatte zwischenzeitlich auch aufgehört zu regnen und meine Stimmung wurde allmählich besser. Wenn nur diese Müdigkeit nicht wäre. Und weit und breit kein Café in Sicht! Es gibt in Schweden einfach keine Kaffeekultur. Ich vermisste die kleinen Bars, die es in Italien an jeder Ecke gibt...

Ein paar Kilometer und Gähnattacken später, lag idyllisch an der Strecke ein kleiner Weiher. Und im angrenzenden Mühlengebäude gab es tatsächlich ein Café, das schon geöffnet hatte – ein Traum! Ich genoss den starken, frisch aufgebrühten Kaffee. Es gab eine schöne Auswahl an lecker aussehenden Kuchen in der Vitrine, und die Cafébetreiberin schlug in einer riesigen Schüssel Schlagsahne auf. Das Kaffee-Procedere funktioniert auch hier, wie ich es fast immer unterwegs in Skandinavien erlebt habe: Man bezahlt seinen Kaffee an der Kasse und holt sich dann seinen Kaffee am Automaten oder bedient sich an der Kaffeekanne mit frisch aufgebrühtem Kaffee. Nachgießen ist selbstverständlich erlaubt.

Die Kaffeetassen erinnerten mich an die Sammeltassen, wie sie bei uns bis in die 70er noch beliebt waren und meine beiden Omas reichlich davon besaßen. Zierliche Henkeltassen in verschiedensten Blumendesigns mit den dazu passenden Untertellern stapelten sich auf einem Regalbrett neben dem Kaffeetisch. Der Kaffee tat sehr gut und mit bester Laune ging es weiter. Es war mittlerweile 10:00 Uhr. Mein Gott - dachte ich. Schon wieder so viel gesehen und erlebt. Und es ist noch nicht einmal Mittag...

Die Sonne schien wieder. Blauer Himmel und Schäfchenwolken über den vielen grünen Wiesen und den tiefblauen Seen machten das Schwedenbild perfekt. Dazwischen waren immer wieder die roten Farbtupfer in Form der Schwedenhäuschen zu sehen. Mitunter standen Kühe auf den Weiden. Meistens aber waren die großen Wiesen von in Folie eingewickelten Heuballen bevölkert, sehr oft in der offenbar neuen Trendfarbe Rosa.

Dann wurde das Wasser in meinen Trinkflaschen knapp und ich fand mal wieder weit und breit keine Einkaufsmöglichkeit.

In einem kleinen Ort sah ich Leute auf ihrer Terrasse sitzen. Da habe ich mich einfach mal getraut, nach Wasser zu fragen. Ich stellte mein Rad an der Straße ab und stapfte über den perfekt gemähten Rasen zum Haus. Eine große, schlanke, dunkelhaarige Frau im weißen Sommerkleid deckte gerade den Tisch. Zwei ältere Männer saßen auf bequemen Sesseln und genossen das Nichtstun. Der sportlich gekleidete Ehemann ging ins Haus, um meine Trinkflasche aufzufüllen. Die Szenerie wirkte wie in einem Film. So perfekt. So rein und harmonisch. Und ich stand da auf dem Rasen vor der Veranda wie eine Außerirdische mit meinen verschwitzten Klamotten und der klebrigen Trinkflasche. Ich wurde dann natürlich noch ausgefragt, wo ich herkomme, wo ich hinwill und wie mir Schweden gefällt. Ich dürfe auch gerne noch zum Grillen bleiben, meinten sie lachend - wohlwissend, dass ich ja sowieso ablehnen und weiterfahren würde.

Ich habe mir beim Weiterfahren noch ein paar Kilometer lang die verdutzten Gesichter vorgestellt, die sie gemacht hätten, wenn ich die Einladung tatsächlich angenommen hätte.

Unterwegs erreichte mich die erfreuliche Nachricht von Karin, dass sie die Fähre in Rostock erreicht hatte. Sie konnte nach einem Tag Pause in Berlin und einem Arztbesuch mit entsprechender Medikation die Fahrt fortsetzen. Sie meinte, sie fährt jetzt halt einfach mal weiter, so lange es geht. Super, dass sie nicht aufgeben musste!

Am Nachmittag traf ich in einem idyllischen kleinen Örtchen auf Udo und wir kauften in einem Supermarkt gemeinsam Proviant ein. In Örebro, einer netten Kleinstadt mit schönem

Schlösschen, trafen wir Gillian – natürlich wieder bei McDonald's!

Wir fuhren weiter, ohne zu wissen, wie lange die Tagesetappe noch dauern wird, und wo wir übernachten sollten. Gillian überholte uns am späten Nachmittag, sicherlich wieder mit dem Plan, im Freien eine Schlafstatt zu finden. Eigentlich wäre es auch für uns eine gute Gelegenheit gewesen in die Nacht hineinzufahren, und irgendwo unterwegs ein Nickerchen zu machen. Ich war aber irgendwie mut- und lustlos und hoffte auf eine schöne Unterkunft.

Udo war schon vorausgefahren. Da sah ich ihn auf der Strecke zwischen zwei Ortschaften linkerhand der Straße auf einem Parkplatz stehen. Im Hintergrund ein See, ein paar größere Gebäude und ein sehr großer Pavillon, in dem ein „Sloppi", der hier überall übliche Flohmarkt, untergebracht war.

Diese Sloppi-Schilder sind mir in Schweden sehr oft begegnet, nahezu jeder zweite Hof veranstaltet einen eigenen Sloppi als Dauerverkaufsausstellung. Vermutlich in der Hoffnung, den alten Krempel an arglose Touristen loszuwerden?

Wir überlegten kurz, ob es hier wohl Zimmer gibt, als ein Mann, ca. Anfang 60, natürlich schwedenblond, in Arbeitsklamotten auf uns zu kam. Er war sehr freundlich und sprach gemächlich. Sein Englisch war nicht sehr gut aber wir glaubten zu verstehen, dass es hier wohl Zimmer zum Übernachten gäbe. Er bat uns mit ins Haupthaus zu kommen. Wir folgten ihm etwas zögerlich. Ich glaube wir waren uns nicht sicher, ob wir hier tatsächlich bleiben wollten. Aber der Mann hatte uns mit seiner Bedächtigkeit irgendwie eingelullt. In der Diele des sehr schönen roten Hauses war eine Art Minirezeption und eine sehr gut gelaunte Frau. Ebenfalls geschätzt Anfang 60, in einem strahlend weißen Sommerblüschen. Sie bestätigte, dass wir hier übernachten können. Das Zimmer kostete 18 Euro und befand sich im Nebengebäude, Dusche und WC auf dem Gang. Die Frage, ob man bei ihr auch ein Bier kaufen könnte, beantwortete sie pikiert mit hochgezogenen Augenbrauen: "We are sober!" - ein komplett drogen- und alkoholfreier Ort also. Nur Saft, Wasser und Kaffee könne man uns anbieten. Na egal, wir haben das Zimmer trotzdem genommen. Ständig kämpfte sie umständlich mit ihrem aufgeklappten Ordner und den Zetteln und Listen, die darin abgeheftet waren. Ständig fiel ihr der Kugelschreiber auf den Boden. Wir mussten noch unsere Namen in eine ihrer Listen eintragen, für die Übernachtung bezahlen - dann waren wir auch schon eingecheckt.

Das Zimmer war einfach eingerichtet. Zwei Betten, zwei Nachttische, ein paar Kleiderhaken an der Wand und ein Stuhl in der Ecke. Reicht ja auch. Es war sauber, die sanitären Anlagen ebenfalls – das ist die Hauptsache. Im Aufenthaltsraum lief der Fernseher in hoher Lautstärke. Die Betreiberin erklärte, hier wären noch eine Mutter und ihr Sohn zu Gast. Ah ok, das Kind schläft hoffentlich durch, dachte ich noch, da hier alles sehr hellhörig war. Da kam besagte Mutter aus dem Fernsehzimmer. Sie war bestimmt schon 80. Und der zugehörige Sohn, unser Zimmernachbar, in unserem Alter. Das passte irgendwie ins skurile Gesamtbild, das wir von diesem Ort hatten.

Auf dem zum Gelände gehörigen Campingplatz parkten nur vier Wohnmobile. Die große Wiese lag romantisch an einem See und bot eine Grillstelle und mehrere Holzbänke als Sitzgelegenheiten.

Nach einer ausgiebigen Dusche legten wir uns schon früh zum Schlafen, immer noch ein wenig bereuend, dass wir nicht doch weitergefahren sind. Vor allem, weil wir immer wieder das Freilaufsurren der oben auf der Straße vorbeirollenden anderen Teilnehmer hörten.

Naja, vielleicht machen wir das ein andermal – einfach weiterfahren in den lauen Sommerabend hinein...

Das Haupthaus:

Das Nebengebäude, in dem wir untergebracht waren:

Der Tag in Zahlen:
Jönköping - Vreten 265 KM, 1628 HM
gefahrene Zeit 12:28 | verstrichene Zeit 14:38

Tag 9 Sonntag 28.07. Immer noch in Schweden

Um halb fünf saßen wir schon wieder auf den Rädern und konnten den schönen Sonnenaufgang genießen. Die Luft war noch recht kühl, und ich brauchte wie jeden Morgen meine Beinlinge und die Regenjacke, die ich gleichzeitig als Windjacke nutzte, um mich zu wärmen. Die Landschaft war wunderschön – wir fuhren auf ruhigen Sträßchen, ein See nach dem anderen zog an uns vorbei. An den Seen sah man kleine Häuschen mit Bootssteg – so wie man es aus dem Urlaubsprospekt kennt. Aber es gab keine Infrastruktur, keine Läden, keine Tankstelle. Nach einer gefühlten Ewigkeit von ca. 90 Kilometern erreichten wir endlich einen kleinen Supermarkt in einem Dorf. Welch ein Hochgefühl!

Glücklicherweise sind in Skandinavien auch sonntags die Supermärkte ab 9:00 Uhr geöffnet, sodass man nicht auf

Tankstellen angewiesen ist. Somit erhöhen sich die Chancen auf eine gute Verpflegung unterwegs. Aufgrund der niedrigeren Bevölkerungszahlen wird auch die Anzahl der Supermärkte und Tankstellen an der Strecke geringer. Ich lasse jetzt fast keine Gelegenheit zum Einkaufen mehr aus; wer weiß, wann wieder etwas kommt! Was ich auch noch berichten muss: Ich habe vor nahezu jedem Supermarkt eine Sitzgelegenheit vorgefunden, meistens ein Tisch und zwei Bänke, das ist sehr praktisch für Radreisende wie uns! Einkaufen und dann gleich vespern können, ohne noch einen gemütlichen Platz dafür suchen zu müssen – herrlich! Udo war natürlich wieder früher da als ich und saß schon mit seinen Einkäufen vor dem Supermarkt an einem Tisch. Er unterhielt sich mit einem anderen Teilnehmer aus Deutschland dessen leicht schwäbischer Akzent ganz fremd wirkte hier oben in Schweden. Ich war zu müde, um ihn nach dem Namen und seiner Herkunft zu fragen, also stürzte ich mich erst mal auf mein Frühstück. Der Fahrer fiel mir schon mal kurz nach dem Start auf, da fuhr er eine Weile vor mir her und seine riesige Isomatte, die er um die Satteltasche gewickelt hatte, schwang im Pedaltakt hin und her. Eine eigenwillige Art, seine Iso zu verpacken, aber wohl durchaus zweckmäßig. Er erzählte, dass er eine so lange Fahrt noch nie gemacht habe und das auch erst mit der Familie abstimmen musste, da es wegen seiner Teilnahme dieses Jahr am Northcape4000 keinen gemeinsamen Familienurlaub gab. Ich war echt erstaunt darüber, dass ein Langstrecken-Neuling hier so gut vorwärts kam, er scheint offenbar dafür talentiert zu sein.

Am Frühstückstisch recherchierte Udo nach einem Hotel. Das nächste wäre in ca. 210 Kilometern Entfernung, das würde er jetzt buchen, wenn es okay für mich wäre. Hatte ich eine Wahl? Noch 210 km – ich musste innerlich lachen. Wenn Außenstehende den Dialog hören, müssen sie denken, da unterhalten sich zwei Bekloppte. Nur noch kurz mit dem Rad 210 km zum nächsten Hotel… haha!

An diesem Tag sprachen wir auch darüber, dass wir ja bis jetzt noch nicht unseren Plan befolgt hatten, komplett getrennt voneinander zu fahren. Es machte für uns Sinn, gemeinsam eine Unterkunft zu buchen und uns ab und zu unterwegs zum Einkaufen und Essen zu treffen. Ich musste nichts an meinem "Fahrstil" ändern, denn ich fuhr sowieso schon mein Tempo und meinen Rhythmus, aber Udo war generell schneller unterwegs und auch effizienter in seinen Pausen, also musste er immer auf mich warten. Er hatte sich aber damit arrangiert, fuhr eben in seiner gewohnten Geschwindigkeit und machte dafür öfter oder länger eine Pause bis auch ich an den vereinbarten Treffpunkten eintraf. So verbrachten wir viele Stunden getrennt voneinander alleine auf dem Rad, was für beide von uns völlig in Ordnung war.

Die Sonne schien, es war nur leicht bewölkt und nicht zu heiß, ein tolles Reisewetter. Wir fuhren dann ab dem Supermarkt eine ganze Weile zu zweit und kamen an einem an der Straße aufgestellten Schild mit der Aufschrift "Café" vorbei. Juhuu! Ein Kaffee ist jetzt genau das Richtige. Das Café entpuppte sich dann als Straußenfarm mit Kinderbespaßung, Strauß-Souvernir-Shop und Bewirtung. Die Strauße in ihren Gehegen waren unglaublich riesig, mit beeindruckenden Krallen an den großen Füßen. Zum Glück war ein Zaun zwischen uns! Der Kaffee schmeckte hervorragend, und ich aß meine bis dahin schon zwei Tage durch die Gegend gefahrene zerdatschte Zimtschnecke dazu. Gerne nahmen wir die Gelegenheit wahr, auch die Wasserflaschen aufzufüllen, und eine ordentliche Toilette nach den vielen Wäldchen-Besuchen war, offen gesagt, auch mal schön. Nächstes Ziel war dann Falun, da endete die vom Veranstalter geplante Etappe Nr. 8. Wieder ein Punkt, den man abhaken kann! Das gab mir ein wohliges Erfolgsgefühl - wieder hatte ich etwas geschafft und sogar schon die Etappe Nr. 8 bewältigt. Die vom Veranstalter vorgegebene Strecke war in 11 Abschnitte unterteilt und uns über Komoot zur Verfügung gestellt worden.

In Falun trafen wir auf drei weitere Mitfahrer, ich glaube mich erinnern zu können, dass es Deutsche waren, die wir schon öfter unterwegs getroffen hatten. Ich stellte unterwegs immer wieder fest, dass ich zwar häufig von Schnelleren überholt werde, die dann aber länger Pause machen und am Ende des Tages auch nicht vor mir am Ziel sind.

Die anderen wussten schon, dass uns voraus eine lange Gravelstrecke liegen sollte – da war ich ja mal gespannt! Aber zunächst ging es hübsch wellig durch eine Seenlandschaft, verstreute Höfe und Häuser links und rechts der Straße, blauer Himmel mit Schäfchenwolken – ein Traum! Es folgte ein langer und immer steiler werdender, kilometerlanger Anstieg. Die kleine Italienerin, die ich schon ein paar mal die Tage zuvor gesehen hatte und die nie zurückgrüßte, überholte mich flott, stieg dann jedoch genauso flott hundert Meter vor mir ab und schob ihr Rad energisch im Stechschritt den Berg hinauf. Es war ihr dann wohl doch zu steil. Ich habe weiter gemütlich vor mich hin gekurbelt und sie dann wieder überholt. Schließlich war die Höhe erreicht, in der auch die Windparks lagen. Von nun an ging es nur noch leicht wellig auf der Höhe weiter und die Gravel-Strecke begann. Die Straße war gut befahrbar. Es war ein festgefahrener Erdboden ohne grobe Steine oder Schlaglöcher. Und zum Glück trocken – bei Regen wäre es bestimmt weniger einfach gewesen. Die Gravel-Sektion erstreckte sich über ca. 20 km und führte über einen hohen Bergrücken. Der Wald war hier weniger bilderbuchhaft üppig und grün wie in den zuvor durchfahrenen Gegenden. Weite Flächen waren abgeholzt und lagen nun nackt da. Nur einzelne Bäumchen standen noch einsam herum, als wären sie vergessen worden. Es wirkte sehr traurig und leblos. Es war kein Leben mehr spürbar. Kein Vogelgezwitscher hörbar. Hier wurde offensichtlich hemmungslos und nicht nachhaltig geräubert. Ich habe mir geschworen, nie mehr bei Ikea einzukaufen.

Die lichten Wälder erlaubten eine Aussicht auf die bewaldeten Hügel, die in allen Himmelsrichtungen bis zum Horizont reichten. Hin und wieder von ähnlichen „Lichtungen" durchbrochen wie ich sie gerade durchfuhr. Die Abendsonne tauchte alles in ein warmgoldenes Licht. Ich blieb für einen Moment stehen und hörte der Stille zu.

Kein Windrauschen im Ohr. Kein Reifenrollen. Kein Auto. Kein Flugzeug. Keine Stimmen. Einfach nichts. Nur Ruhe. Herrlich. Gespenstisch.

Auf der Gravelstrecke:

Ab und zu lag tatsächlich ein einsames Gehöft an der Strecke. Für mich ist es unvorstellbar, wie man in dieser Einöde leben kann. Ich stelle mir vor, dass dort im Winter sicherlich alles eingeschneit ist und man dann tagelang nicht mehr von seinem Haus wegkommt. Diese Straße wird vermutlich nicht mit oberster Priorität geräumt. Die meisten Autos, die mir in dieser Gegend begegneten, hatten am Kühlergrill drei sehr große Zusatzscheinwerfer. Wahrscheinlich um die Elche rechtzeitig zu sehen oder sie mit dem grellem Licht in den Wald zu scheuchen, um eine Kollision zu verhindern.

Die Route über die Hochebene wollte nicht enden... da las ich endlich auf einem Schild: "Bolnäs 30 km". Bolnäs war unser Tagesziel - in diesem Städtchen hatten wir ein Zimmer gebucht.

Es folgte eine lange Abfahrt, die natürlich auch wieder leicht wellig war – keine reine Erholung, denn es ging zwischendurch immer wieder ein Stückchen bergauf. Die Wellen wollten einfach nicht enden... In Bolnäs traf ich mich mit Udo erst noch zum Essen bei McDonald's, bevor wir im Hotel eincheckten. An der Rezeption trafen wir auf die Italienerin, die gerade versuchte, sich irgendwie mit Händen und Füßen mit dem Hotelier zu verständigen. Ich bestaunte ihr mit dicken Taschen vollbepacktes Rad und ihren übergroßen Rucksack. Sie hat wohl auch noch bei McDonald's geshoppt – eine große Papiertüte mit dem bekannten Logo hing am Lenker. Und noch eine Tüte mit frischem Obst, das sie wohl irgendwo unterwegs eingekauft hatte. Ich wunderte mich, wie man mit so viel Zusatzgewicht so weit und so schnell fahren kann.

Das Rad konnten wir nicht mit aufs Zimmer nehmen – dazu war der Raum zu klein, aber wir durften es in einem Konferenzraum abstellen. Dort standen um einen großen Tisch herum verteilt schon sieben oder acht weitere Rennräder unserer Mitfahrer. Auf dem Zimmer haben wir noch schnell die übrigen Burger von McDonald's gegessen, geduscht und uns dann schlafen gelegt. Das war ein langer Tag mit vielen Kilometern. Wir waren sehr zufrieden mit uns!

Der Tag in Zahlen:
Vreten - Bolnäs 298 KM, 2744 HM
gefahrene Zeit 15:36 | verstrichene Zeit 18:26

Tag 10 Montag 29.07. Ausgebremst durch Gegenwind

Da der gestrige Tag spät endete, schliefen wir länger und gönnten uns im Hotel ein gemütliches Frühstück mit Brötchen, Rührei und Pfannkuchen. Im Frühstücksraum saßen am Nebentisch drei Jungs, deren Gesichter man unterwegs schon häufiger sah. Ich glaube, es waren ein Holländer, ein Deutscher (Mateusz Tondel #84) und noch ein dunkelhaariger Schweizer, der ein auffälliges lustiges gelbes Trikot mit kleinen aufgedruckten Ananasfrüchten trug. Er fuhr schon vor ein paar Tagen ein Stück mit uns - das war an dem sehr heißen fünften Tag, hinter Berlin auf dem Weg nach Waren. Es ist immer wieder nett, mit anderen Fahrern zu quatschen und Erfahrungen auszutauschen.

Für unsere Verhältnisse sehr spät starteten wir dann kurz vor 08:00 Uhr. Die Sonne schien schon wieder – mit dem Wetter hatten wir bislang echt Glück!

Idylle wie im Allgäu

Heute hatten wir dafür kein Glück mit dem Wind. Den ganzen Tag hatten wir starken Gegenwind, der sich mit Böen von der Seite abwechselte. Es machte uns heute überhaupt keinen Spaß, und so checkten wir schon nach 172 km in unserem Hostel in Sundsvall ein. Die Räder durften wir hier nicht mit aufs Zimmer nehmen, der Rezeptionist begründete dies damit, dass der Aufzug dafür zu klein wäre. Wir durften sie im Empfangsraum stehen lassen und haben sie zur Sicherheit an ein Heizungsrohr gekettet. Der Aufzug war tatsächlich mini. Man konnte maximal zu zweit darin stehen, durfte dann aber kein Gepäck dabei haben.

Im Pizzaladen um die Ecke haben wir zwei Pizzen bestellt. Das war etwas langwierig, da der Inhaber nur Türkisch und Schwedisch sprach – zum Glück hatte er seine Speisekarte bebildert! Dann die spannende Frage, ob er Öl habe (das schwedische Wort für Bier). Erst reagierte er, als hätten wir etwas ganz Schlimmes gefragt, dann hatte er wohl doch etwas Bier, machte aber deutlich, dass man es auf gar (!) keinen (!) Fall bei ihm im Laden konsumieren darf! Er kramte dann schließlich umständlich im untersten hintersten Eck seines großen Getränkekühlschranks drei Dosen heraus und stopfte sie in eine Plastiktüte. Zurück auf dem Zimmer haben wir uns auf Pizza und Bier gestürzt – also zumindest erwarteten wir Bier. Ich wunderte mich beim Öffnen noch über die eleganten Dosen, etwas kleiner als üblich und in schickem Design in Goldtönen mit rosa- und violettfarbenen Akzenten... Der Pizzabäcker hat uns wohl versehentlich alkoholfreien Dosensekt eingepackt – welch Enttäuschung!

Der Tag in Zahlen:
Bolnäs - Sundsvall 172 KM, 1625 HM
gefahrene Zeit 9:19 | verstrichene Zeit 10:35

Tag 11 Dienstag 30.07. Übernachtung im zweiten Anlauf

Früh um 04:40 Uhr fuhren wir schon wieder los. Zunächst war es noch sonnig, doch im Laufe des Tages zogen dicke, dunkle Wolken auf. Es blieb aber glücklicherweise trocken. Das Landschaftsbild war wie gewohnt waldig und hügelig - und allmählich wurde es fade: Die Straße zog sich endlos geradeaus, am Horizont dann ein Knick nach links oder rechts, und das Spiel begann von vorn. Es gelang mir irgendwie, mich auf die Eintönigkeit einzulassen. So wirkte sie schließlich sehr entspannend auf mich, und ich fand zur Ruhe. Der Kopf hörte auf zu arbeiten, und ich dachte nur noch ans Ein- und Ausatmen. Mit Hatha-Atmung versank ich fast in einem meditativen Zustand, eine Ablenkung von der Langeweile durch das Anhören von Musik oder einem Podcast brauchte ich nicht.

Am Nachmittag gab es in einem Supermarkt wieder eine ordentliche Verpflegung. Ein typischer Einkauf sah so aus:

Am nächsten Supermarkt trafen wir auch wieder auf Stefan und Eric gesellte sich dazu. Eric übernachtete fast immer nur draußen. Er hatte ein Tarp dabei, und mit seinem beeindruckenden Überlebensmesser hätte er auch sein Essen selbst jagen können und wäre so nicht auf Supermärkte angewiesen.

Gegen 19:00 Uhr kamen wir an einem kleinen Badesee vorbei. Es gab Tische und Bänke, eine Grillstelle und ein festes Gebäude mit Umkleiden und einem großen Unterstand – ein idealer Platz, um draußen zu übernachten! Wir beschlossen spontan, dort zu bleiben und machten es uns an einem Tisch gemütlich. Immer wieder kamen Leute um kurz im See zu baden und wir genossen unseren Feierabend und die Ruhe.

Ein schöner Platz am See – aber dann!

Dann hielt ein Wagen an: Eine Frau, ein Hund und zwei Mädchen im Alter von etwa 10-12 Jahren stiegen aus. Die Frau machte sich an der Tür zum Geräteschuppen zu schaffen und zog – oh Schreck – einen Benzinrasenmäher heraus. Nach ein paar Minuten gelang es ihr, den Motor anzulassen, und der Mäher knatterte los. Die Wiese war sehr groß, und es war abzusehen, dass die Frau noch gut zwei Stunden zu tun hatte. Wir waren sehr enttäuscht, denn wir wollten eigentlich hierbleiben, würden hier aber nicht so schnell zur nötigen Ruhe finden. Über google maps entdeckten wir auf dem weiteren Verlauf der Strecke, mit einem kleinen Umweg, ein Hotel. Ein kurzer Anruf, und uns wurde ein Zimmer bestätigt. Es waren nur noch 10 Kilometer bis zum Hotel.

Der Rezeptionist kam die Treppe herunter, als er uns hereinkommen hörte. Er war ein sehr schlanker asiatischer Typ, der auch als Shaolin-Mönch Modell hätte stehen können. Er war überaus freundlich, und wir hatten viel zu Lachen beim Einchecken. Er wusste schon von unserem Event, denn der im „Rennen" führende Däne Jakub hatte auch hier übernachtet. Der Rezeptionist hatte eine tolle Ausstrahlung und gehörte zu den Menschen, mit denen man sich spontan länger unterhalten möchte. Da wir wieder früh los wollten und somit keine Chance auf Frühstück hatten, gab er uns kulanzhalber sogar einen kleinen Nachlass auf den Zimmerpreis.

Christine hat übrigens heute das Ziel erreicht – sie kam als erste Frau und als fünfte in der Gesamtwertung an. Das ist echt der Wahnsinn, ich war sehr beeindruckt von dieser starken Leistung!

Sie hat uns an den Folgetagen immer wieder über unseren Telegram-Gruppenchat aufgemuntert, denn sie wusste ja um diese schwierige Eintönigkeit auf diesen elend langen Straßen in Schweden.

Wir konnten etwas Mut gut gebrauchen, denn schließlich hatten wir noch rund 1450 km vor uns...

Der Tag in Zahlen:
Sundsval – Björna: 229 KM, 2242 HM
gefahrene Zeit 11:47 | verstrichene Zeit 14:56

Tag 12 Mittwoch 31.07. Immer noch in Schweden!

Start in den neuen Tag:

Zu gewohnter Uhrzeit, kurz nach 4 Uhr, starteten wir. Es war bereits sehr hell – ich staunte jeden Morgen darüber, wie die Tage hier immer länger werden, je weiter wir in den Norden kommen.

Wie immer morgens war ich todmüde und hatte schon nach wenigen Kilometern wieder gegen den Sekundenschlaf anzukämpfen. Als es mir zu riskant wurde weiterzufahren, stieg ich ab und schob das Rad. Aber auch das brachte den Kreislauf nicht richtig in Gang, ab und zu kam ich ins Stolpern, aber dafür war wenigstens die Verletzungsgefahr verringert da die Fallhöhe niedriger war.

Alles Schiebung!

Weit und breit keine Tankstelle, um einen Kaffee zu trinken – ich war ziemlich verzweifelt.

Nach etwa 70 km erreichten wir ein kleines Örtchen. Am Ortseingang war ein Hinweisschild auf ein Hotel zu sehen. Ich schlug Udo vor, dort zu fragen, ob wir einen Kaffee bekommen könnten. Es war ja mittlerweile schon Frühstückszeit, und im schlimmsten Fall würden wir einfach eine Absage bekommen. Also bogen wir von der Landstraße ab und erreichten nach wenigen hundert Metern das „Frederika Hotel". Die Rezeption war nicht besetzt, also gingen wir direkt in den großen, rustikal in dunklem Holz gehaltenen Speiseraum. Und wer saß dort als einziger Gast am Frühstückstisch? Marco! Wir freuten uns sehr über das Wiedersehen. Der Wirt beantwortete unsere auf Englisch gestellte Anfrage dann auf Deutsch: Er ist Österreicher

– der Helmut aus der Steiermark. Vor über 50 Jahren war er der Liebe wegen nach Schweden ausgewandert, mittlerweile geschieden, jedoch glücklich geschieden, wie er betonte. Er machte einen sehr gelassenen Eindruck, und über dem runden Bauch spannte sich ein blau-grau gestreiftes Hemd, an dem ein paar Knöpfe fehlten. Darüber trug er eine offene dunkelgraue Wanderweste und einen hellen Strohhut mit "Lagerhaus"-Banderole. Die Arme hatte er sobald er saß vor sich verschränkt auf dem runden Bauch abgelegt. Den Sommer über betreibt er das Hotel hier in Schweden - seine Gäste sind überwiegend Urlauber, die zum Jagen oder Fischen kommen. Den Winter verbringt er dann aber lieber bei Freunden im sonnigen Namibia als im dunklen Schweden.

Helmut – ein Österreicher in Schweden:

Der Kaffee schmeckte wunderbar und weckte meine Lebensgeister wieder. Wir brachen vor Marco auf, der uns nach etwa 50 km dann aber schon wieder einholte. Es blieb immer noch kühl, der Himmel war bedeckt mit dunklen Regenwolken, doch der Regen blieb glücklicherweise aus. In Lycksele traf ich gegen Mittag auf Stefan, als ich anhielt, um mich zu orientieren und nach einem Supermarkt zu suchen. Dort wollte ich mich mit Udo treffen. Er erklärte mir kurz den Weg zum nächsten Supermarkt, und nach kurzer Fahrt durch die Stadt fand ich einen kleinen Laden am Ortsrand. Ich schickte per Telegram eine Nachricht an Udo und kaufte ein. Draußen vor dem Markt, an einem kleinen Tisch, machte ich es mir gemütlich, fing an zu essen und wunderte mich, dass Udo nicht kam. Ich rief ihn an, und etwas genervt erklärte er mir, dass ich wohl im falschen Supermarkt sei. Da hatte ich Stefans Erklärungen offenbar deutlich missverstanden!

Am Nachmittag fing es dann doch an zu regnen, und ich musste sogar die kurze Regenhose anziehen. Ziemlich durchnässt wärmten wir uns nach 230 Tageskilometern in Norsjö an einer Tankstelle wieder auf und stärkten uns mit Kaffee und Hotdogs. Ich musste leider feststellen, dass meine Regenjacke nicht hundertprozentig dicht war. An den Ärmeln und Schultern waren meine Klamotten schon sehr klamm. Wenn es jetzt tatsächlich weitere vier Tage regnen sollte, wie uns Helmut, der Österreicher, prophezeite, brauchte ich unbedingt eine bessere Jacke. Mit der undichten macht es keinen Sinn, weil ich darin auskühle und mein Körper ja dann zuviel Energie für die Aufrechterhaltung der Temperatur aufwenden muss. Energie, die ich eigentlich fürs Vorärtskommen benötige.

Also nächste Aufgabe: spätestens am nächsten Tag ein Sportgeschäft finden!

In Jörn, bis dorthin waren noch eta 50 Kilometer zu fahren, hatten wir ein Zimmer gebucht. Die Strecke schlängelte sich weiterhin durch die Wälder und die Kurverei wollte einfach nicht enden. In einer dieser Kurven lief plötzlich eine Frau aus einer Hofeinfahrt zur Straße und winkte uns zu. Wir hielten natürlich verwundert an, und sie erklärte, sie verfolge das Rennen im Internet und wollte unbedingt noch abwarten, bis an diesem Tag noch eine Frau vorbeikäme. Sie stammte aus der Schweiz und lebte schon seit vielen Jahren in Schweden. Wir fragten, wie weit es noch bis Jörn wäre, und sie meinte, es seien nur noch wenige Kilometer und es ginge fast nur noch bergab. Das stellte sich dann als eine eher beschönigende Beschreibung heraus, aber schließlich kamen wir kurz nach 18:00 Uhr in Jörn an.

Auf der Suche nach dem Hotel sahen wir in der (vermeintlichen) Mitte des wie ausgestorben wirkenden Ortes am Straßenrand einen Imbisswagen, der mit großen Döner- und Burger-Schildern warb. Leider war die Betreiberin gerade dabei, zusammenzuräumen, als wir eintrafen. Sie schien jedoch Mitleid mit uns zu haben, denn unsere große Enttäuschung bewegte sie dazu, den Grill noch einmal anzufeuern. Die Verständigung war sehr schwierig, da sie weder Englisch sprach, noch wir Schwedisch oder Türkisch. Aber auch hier konnten wir dank der Bilder auf der Speisekarte zwei Burger bestellen. Während sie das Essen zubereitete versüßte sie uns das Warten mit einem kleinen leckeren Nachtisch – einer Art Apfelmus mit Nelken und Zimt gewürzt. Zu den Burgern bekamen wir noch zwei kleine Fläschchen Mineralwasser geschenkt.

Am Imbiss:

Glücklich packten wir alles zusammen in eine Tüte und fuhren die letzten paar hundert Meter zum Hotel. Und das war wirklich eine coole Anlage! Völlig unscheinbar und von außen eher einem Firmengebäude ähnlich, lag der große, holzverkleidete Komplex am Ortsrand. Im Eingangsbereich war es kuschelig warm, der Boden mit dunklem Holz ausgelegt, und in der Sitzecke fläzten drei Männer auf dem gemütlichen Sofa. Einer der dreien stand schließlich auf – ein Riese – und kam zur Rezeption. Imposant war auch der Restaurantbereich – eher ein Vergnügungszentrum als ein Restaurant! Es war alles sehr gemütlich und modern in dunklen Holztönen gehalten, auf den Stühlen und Sitzbänken lagen Felle, eine große Bar befand sich mitten im Raum, und in durch Sichtschutz abgetrennten Bereichen gab es Dart-Spiele und Billardtische. Ich fragte mich, wie sich dieser Raum in dieser Einöde, in der nur wenige Menschen leben, jemals füllen sollte. Vermutlich ist es eher ein Event-Lokal für Veranstaltungen, Hochzeiten oder Ähnlichem. Die Menschen, die hier im dünn besiedelten Norden leben, sind es sicherlich gewohnt, lange Strecken zurückzulegen, um etwas erleben zu können und nehmen auch eine längere Anreise in Kauf.

Die Hotelzimmer selbst befanden sich in einem separaten Gebäude auf der anderen Straßenseite, in einem langgestreckten, zweigeschossigen Nebengebäude. Auch hier war alles neu, modern und mit viel Holz verkleidet. Im großen Eingangsbereich gab es eine gemütliche Sitzecke, und auf mehreren Tischen war ein Buffet aufgebaut, an dem wir Radfahrer uns rund um die Uhr kostenlos bedienen konnten. Es gab kartonweise Energy-Drinks in Dosen, verschiedene Brotsorten, Erdnussbutter, Marmelade,

Kekse in allen Variationen, frisches Obst, Kaffee, Milch, und im Kühlschrank gab es Käse und Joghurt. Ein Traum!

Wir haben gleich noch bevor wir unser Zimmer aufgesucht haben unsere Burger vom Imbiss dort in der Lounge verdrückt und uns zum Nachtisch noch Kekse und Co. gegönnt.

Und natürlich trafen wir auch Marco wieder! Er kam etwas später als wir an und freute sich ebenso über die großen Auswahl am Buffet.

Der Tag in Zahlen:
Björna – Jörn: 284 KM, 1725 HM
gefahrene Zeit 13:31 | verstrichene Zeit 16:11

Tag 13 Donnerstag 01.08. Nach der Langeweile folgt die Entspannung

Es war nach den Informationen aus Google Maps klar, dass heute nach dem Start erst nach ca. 100 km wieder ein Ort mit Verpflegungsmöglichkeiten kommen würde. Am Frühstücksbuffet haben wir uns also mit Kaffee und Müsli gestärkt und ich nahm mir noch eine Kleinigkeit für unterwegs mit. Um kurz nach vier Uhr fuhren wir los. Es war kühl und bewölkt, die Straßen noch ein wenig feucht – ein angenehmes Reisewetter. Auch heute hatte ich wieder heftige Müdigkeitsanfälle, trotz der zwei Tassen Kaffee zum Frühstück. Marco und ich überholten uns immer wieder gegenseitig alle halbe Stunde. Er fuhr zwar deutlich schneller als ich, aber dann hatte er immer irgendetwas am Rad zu schrauben oder machte Umziehpausen, während ich stetig mein gleiches Tempo fuhr. Slowly but steady. Es waren immer lustige, kurze Begegnungen und man verlor sich nie so ganz aus den Augen. Es war an diesem Morgen sehr entspannend zu fahren, kein Gegenwind und so gut wie kein Autoverkehr. Es schien, als hätte ich meinen Frieden mit der Eintönigkeit der Landschaft gemacht und konnte sie nun endlich genießen.

Die Strecke war angenehm flach, die Wälder nicht mehr so dicht bewachsen, dadurch wirkte alles etwas heller und lichter

Erdnussbutterbrot on the road:

Ich wollte mich ja heute noch nach einer besseren Regenjacke umschauen - Udo hatte recherchiert, dass es im auf der Strecke liegenden Städtchen Älvsbyn ein Sportgeschäft gibt – das einzige weit und breit. Eine gute und auch die einzige Möglichkeit, um nach einer guten Jacke zu schauen. Und ich wurde tatsächlich fündig – ich erstand zu einem vernünftigen Preis eine tolle Jacke von Bergans, einer bei uns als eher hochpreisig eingestuften Marke, mit Kapuze, Lüftungsschlitzen unter den Achseln und ausreichend langen Ärmeln (bei den meisten Jacken sind mir die Ärmel zu kurz). Vom Packmaß her war sie nicht ganz optimal und auch diese Farbe (Dunkelgrau) wollte ich eigentlich nie haben, aber die Priorität lag nun mal eindeutig auf „dicht" und ein anderes Geschäft gab es ja in absehbarer Distanz nicht. Der Preis war ein Schnäppchen, in Deutschland kostet die Jacke rund 50 % mehr. Ich ließ an der Kasse gleich alle Etiketten abschneiden und zog die Jacke sofort an. Ich war mir sicher, jetzt kann mir nichts mehr passieren, ich werde jedes Regenwetter locker meistern! Das ist ein ganz anderes Gefühl, wenn man nicht mehr sorgenvoll in den Himmel schauen muss, sondern denkt: „Pah, der Regen kann mir jetzt nichts mehr anhaben!" Prompt hat natürlich erstmal die Sonne gescheint – also, wenn der Kauf der Jacke eine Schönwettergarantie beinhaltete, bin ich natürlich auch damit zufrieden!

Das nächste Highlight des Tages war Boden, das wir nach 170 km erreichten. Dort endete der Streckenteil Nummer 9. Wahnsinn, schon 9 geschafft von insgesamt 11 (wobei Nr. 11 dann mit einer Länge von 700 km noch ein ordentlicher Brocken war...) – das war ein tolles Gefühl! In Boden trafen Udo und ich uns bei einem Supermarkt, tätigten den üblichen Verpflegungseinkauf und vesperten auf einem nahegelegenen Kinderspielplatz. Das Wetter wurde allmählich ungemütlich, ein frischer Wind kam auf und es begann bald zu nieseln. Schnell beendeten wir das Picknick und fuhren weiter.

Wir wussten schon durch den Chatverlauf in der Telegram-Gruppe, dass nach Boden eine 20 km lange Baustelle kommen würde und es auch vom Veranstalter eine Umleitungsempfehlung gab. Ich fuhr in Boden schon vor Udo los und als ich an die Baustelle kam, bin ich erstmal zwei oder drei Kilometer weitergefahren, da ich im Gedächtnis hatte, dass die Umleitung nach Beginn der Baustelle kommen würde. Es war mühsam, der Untergrund voller grobem Schotter und ich hatte echt Angst um meine Reifen. Zwischendurch habe ich aus Sorge geschoben, denn ich hatte keine Lust auf einen Platten. Dann klingelte plötzlich mein Handy – Udo rief an. Er war am Beginn der Baustelle und wunderte sich, wo ich sei, denn er wüsste eine Umleitung, die direkt dort schon anfing. Also musste ich den ganzen Weg wieder zurück, zum Teil wieder schiebend, weil es nicht mehr anders ging. Die Umleitung war dann gut zu fahren, mehr oder weniger ein Feldweg, aber mit festem Erdboden. Leider war es auch ein Umweg, aber lieber 20 km mehr fahren, als sich kaputte Reifen einzuhandeln!

Das Hotel, das wir gebucht hatten, war in Överkalix, nur rund 80 km nach der Baustellenumfahrung entfernt. Aber diese Strecke hatte es in sich… Die Straße war sehr stark befahren und dazu regnete es auch noch. Die Autofahrer nahmen kaum Rücksicht, überholten wegen des Gegenverkehrs mit nur geringem Abstand, denn wegen eines Radfahrers vom Gas zu gehen, schien hier unüblich zu sein. Dazu noch der Regen… Wenigstens blieb ich in meiner Jacke schön trocken, aber der Autoverkehr war echt übel. Es war verkehrstechnisch der bis dahin schlimmste Abschnitt der Reise. Mental ziemlich k.o. rollte ich dann abends in die Auffahrt des Hotels, wo Udo vor dem Eingang schon auf mich wartete und rief: „Gott sei Dank bist du dieser Hölle entronnen!" Er hatte noch unterwegs ein wenig Proviant eingekauft, so gab es zum Abendessen Kekse und Joghurt. Ein Frühstückspäckchen gab es in diesem schicken Vier-Sterne-Hotel für uns nicht. Das hätten wir früher bestellen müssen, meinte die Dame an der Rezeption ziemlich empathielos. Naja, wir sind es ja gewohnt, mit leerem Magen loszufahren.

Am nächsten Tag würden wir Finnland erreichen – dann hätten wir wieder einen Meilenstein geschafft und wir versprachen uns ein wenig Abwechslung in diesem neuen Land!

Der Tag in Zahlen:
Jörn – Överkalix 279 KM, 2499 HM
gefahrene Zeit 14:02 | verstrichene Zeit 16:40

Tag 14 Freitag 02.08. Alles hat einmal ein Ende - auch Schweden !

Heute stand einiges an Abwechslung auf dem Programm: Nach ca. 50 km würde ich die Grenze nach Finnland überschreiten. Ein weiteres für mich (fast) neues Land. Ich kannte bislang nur, durch zwei Kurzaufenthalte, die Städte Vantaa und Helsinki. Ich war gespannt darauf, das Landesinnere kennenzulernen. Und schließlich wartete heute Rovaniemi auf uns, die Stadt, in der der Weihnachtsmann wohnt. Dort werden wir dann auch den Kontrollpunkt Nr. 5 vorfinden und den Polarkreis überschreiten.

Polarkreise nennt man die besonderen nördlichen und südlichen Breitenkreise der Erde, auf denen die Sonne an den beiden Tagen der Sonnenwende im Dezember und im Juni gerade so nicht mehr auf- bzw. untergeht.

Mittlerweile ist der Blick auf die Karte mit der Gesamtstrecke nicht mehr furchteinflößend, sondern eher mutmachend. So viel habe ich schon geschafft! Wahnsinn! Dieses Gefühl ist einfach unbeschreiblich.

Nach gut sieben Tagen in Schweden war ich bereit für eine Abwechslung. Ich hoffte auf weniger eintönige Straßen und Landschaften und war gespannt, was der Tag bringen würde. Kurz vor 6:00 Uhr verließen Udo und ich unser Hotel in Överkalix. Es war kühl und bewölkt, aber es regnete nicht. Unterwegs waren entlang der Straße viele Rentiere zu sehen, die vor uns Radfahrern immer flohen. Autos machten ihnen hingegen keine Angst, aber Fahrräder fanden sie wohl irgendwie gruselig. Ich konnte leider keine schönen Fotos von ihnen machen, denn sobald ich anhielt und den Schuh aus dem Pedal klickte, erschraken sie vor dem metallischen Geräusch und liefen weg. Schon nach einer Stunde erreichten wir eine Tankstelle und genossen den warmen, starken Kaffee und Zimtrollen. Eine große blonde Frau Mitte vierzig sprach uns an und fragte, ob wir „das Rennen" fahren würden. Sie verfolgte es über Instagram und fand es toll, auch mal "echte" Fahrer zu sehen. Sie selbst fährt auch Rennrad. Aber natürlich nicht solche "großen Geschichten". Es ist immer wieder schön zu sehen, daß sich andere für dieses Event interessieren. Und es ist noch schöner, wenn sie ihr Interesse auch noch kundtun.

Gegen 7:30 Uhr kamen wir an der Grenze zu Finnland an. Wir haben jetzt Schweden der Länge nach durchfahren. Eine Strecke von fast 1700 Kilometern! Dieser Abschnitt war für mich seit Kenntnis der Streckenführung die größte mentale Herausforderung wegen der zu erwartenden Eintönigkeit. Aber ich hab's geschafft! Da darf ich schon ein wenig zufrieden sein!
Finnland!:

Große landschaftliche Veränderungen gab es auf der anderen Seite der Grenze natürlich noch nicht. Aber schon allein die neue Sprache und die lustigen Städtenamen mit vielen Ä's und K's machten gute Laune.

Der Verkehr wurde zunehmend dichter, und nach langer Zeit bot sich ein schöner Radweg entlang der Hauptstraße an – an dem einen oder anderen Streckenabschnitt hatte ich eine solche „Ruhezone" schmerzlichst vermisst.

Rovaniemi war seit Tagen die erste größere Stadt auf unserer Route, und ich fand es einfach nur grässlich. Ein undefinierbarer Gestank lag in der Luft, und ich konnte nicht verifizieren, ob Autoabgase oder ein größeres Industriegebiet der Grund dafür waren. Im McDonald's haben wir das übliche Langstrecken-Menü verspeist und uns dann auf den Weg zum Weihnachtsmann gemacht.

Die Weihnachts-Spektakel-Anlage lag ein paar Kilometer nordöstlich außerhalb der Stadt. Alles war auf große Besuchermassen während der Weihnachtszeit ausgelegt, doch jetzt im Sommer waren die vielen riesigen Parkplätze nahezu verwaist. Auf dem Weihnachtsmann-Gelände kam ich überhaupt nicht zurecht. Ich verirrte mich auf dem riesigen Gelände und fand die Kontrollstelle nicht. Ein Wirrwarr aus Weihnachts-Shops, Weihnachts-Restaurants, Weihnachts-Hotels und Weihnacht-Post Offices ließ mich verzweifeln.

Mit der Beschreibung des Veranstalters, die ich als PDF auf dem Smartphone gespeichert hatte, war ich komplett überfordert. Und die eigentlich simple Anzeige auf meinem Garmin habe ich überhaupt nicht mehr verstanden. Ich kam in Panik und war den Tränen nahe. Alles Anzeichen von leichter

Erschöpfung, bei mir lagen die Nerven einfach blank. Wenn dann etwas nicht sofort klappt verliere ich die Übersicht. Zum Glück traf Udo auch schon wenige Minuten später ein und lotste mich zum Weihnachtsmann-Office. Dort bekamen wir bei zwei freundlichen Wichteln, die grün-weiß geringelten Pullover, rote Westchen und rote Hütchen tugen, unsere wohlverdienten Stempel für unser Kontrollbüchlein.

Kontrollpunkt Nr. 4 geschafft!:

Wir machten noch ein paar Fotos am Polarkreis und fuhren dann weiter:

Ein Zimmer für die Übernachtung hatten wir an diesem Tag noch nicht gebucht. Es war warm genug, um draußen zu schlafen, und wir waren optimistisch, dass wir eine geeignete Schlafmöglichkeit finden würden. Zumal uns ein deutscher Wohnmobilreisender, den wir beim McDonald's in Rovaniemi getroffen hatten, versichert hatte, dass alle paar Kilometer Hinweisschilder an den Straßen für Shelter zu sehen wären.

Die nächsten 30-40 Kilometer waren sehr unschön zu fahren. Es herrschte dichter Verkehr. Es blieb uns nur ein sehr schmaler Randstreifen. Rechts drohte Schotter und somit Sturzgefahr, links rauschte der Verkehr. Wir wurden regelmäßig trotz Gegenverkehr überholt, und das dann natürlich mit möglichst wenig Abstand. Der Versuch, etwas präsenter auf der Straße zu fahren, wurde vom nachfolgenden Verkehr sofort mit Hupen quittiert. Man muss bedenken, dass das Straßennetz in Skandinavien außerhalb der Metropolen nicht so gut ausgebaut ist wie bei uns. Es gibt anstatt einer Autobahn zweispurige Landstraßen. Das sind dann eben die Transitstrecken, die von Schweden nach Finnland und noch weiter bis nach Russland führen. Da hat man als Radfahrer nichts verloren. Eine alternative Ausweichroute gab es leider weit und breit nicht. Die Situation verbesserte sich dann allmählich, je weiter wir uns von Rovaniemi entfernten.

Ein Lichtblick war ein kleiner Laden in dem wir Proviant besorgen wollten, der jedoch leider zehn Minuten bevor wir dort eintrafen schloss. Wir sahen die Besitzerin noch in ihrem Auto vom Hof brausen. Uff, das war ein kleiner Dämpfer. Ok, dann eben auf zur nächsten Station. Etwa 20 Kilometer weiter sollte ein Restaurant mit Hotel, zu dem eine Tankstelle gehört, kommen. Dass es sich bei der 24h-Tankstelle um eine Automaten-Tankstelle handeln musste, war uns mittlerweile fast klar. Aber man hofft ja trotzdem...

Von den versprochenen Shelter-Schildern sahen wir nur eines. Dieses wies auf eine Art Camping-Platz mit Indianer-Tipis hin, bei dem man die Übernachtung allerdings im Vorfeld online buchen mußte. Die Anlage befand sich auch noch direkt an der Straße und Ruhe hätten wir hier wohl kaum gefunden. Also haben wir eigentlich nichts verpasst!

Und in der Tat war es keine „bemannte" Tankstelle mit Shop. Und natürlich hatte das Restaurant dann auch schon pünktlich um 20:00 Uhr geschlossen. Aber wer saß da auf der Veranda?

Marco! Er hatte im Hotel ein Zimmer gebucht und sich auf den letzten Drücker noch mit Schokolade, Chips und Bier eingedeckt. Ein Panikkauf, wie er es nannte. Großzügig überließ er uns die Chips, und wir freuten uns über den fettigen Imbiss. Unser Entschluss war, dann eben weiterzufahren und unterwegs nach einem Schlafplatz Ausschau zu halten. Udo ging noch mit Marco auf dessen Zimmer, um dort die Trinkflaschen mit Wasser aufzufüllen. Breit grinsend kam er zurück mit der Idee, hier zu übernachten: Marco hatte in seinem Zimmer drei Betten und würde uns gerne aufnehmen, wenn wir das wollten. Nach der langen Rast war mein Energielevel ziemlich heruntergefahren... Ursprünglich wollte ich weiterfahren, aber die Aussicht auf ein Zimmer und ein gemütliches Bett war dann doch zu verlockend. Wir zogen also mit Rad und Pack bei Marco ein. Der hatte sich eine Zerrung zugezogen und wollte am nächsten Morgen ausschlafen und dann erstmal schauen, wie gut oder schlecht er überhaupt noch weiterfahren kann. Nach der üblichen abendlichen Dusche verkrochen wir uns unter die Decken und schliefen wie immer sehr schnell ein.

Der Tag in Zahlen:
Överkalix - Käyrämön: 228 KM, 1372 HM
gefahrene Zeit 10:55 | verstrichene Zeit 13:31

Tag 15 Samstag 03.08. Herzerfrischendes Finnland

Ich hörte gegen Mitternacht, wie sich ein Zimmernachbar schon mit dem Rad auf den Weg gemacht hat. Es hatten also auch noch weitere Teilnehmer hier Unterschlupf gefunden. Drei Stunden später war auch für uns die Nacht vorbei.

Wir zogen uns an und schlichen uns so leise wie möglich aus dem Zimmer, um Marco nicht aufzuwecken. Er war aber natürlich trotzdem wach. Es ist einfach nicht machbar, zwei Fahrräder völlig geräuschlos aus einem engen, verwinkelten Hotelzimmer durch drei Flurtüren ins Freie zu bugsieren.

Es war schon sehr hell draußen, aber stark bewölkt. Auf der nun sehr ruhigen Transitstraße ging die Reise weiter Richtung Norden. Nur alle paar Minuten begegnete uns ein Auto oder ein Lkw. Dann riss plötzlich die Wolkendecke am Horizont auf. Die Sicht wurde frei auf einen unglaublich schönen Sonnenaufgang. Alles war in orange und rosa getaucht. Die Sonne ging genau in der Verlängerung der Straße auf. Ich hatte das Gefühl direkt in die glühende Sonne hinein zu fahren.

Dann verschwand die Sonne wieder hinter dichten Wolken. Und endlich kam nach den unendlich vielen langweiligen Kilometern in Schweden die gewünschte Abwechslung.

Es wurde zunehmend touristischer. Ab und an standen kleine "Lapland-Shops" am Straßenrand, die mit Fellen und Rentiergeweihen warben. Schon früh kamen wir zu einem Supermarkt, der schon seit 6:00 Uhr geöffnet hatte. Ein Paradies... Im Supermarkt, neben der Selbstbedienungs-Theke für frisch angemachte Salate und Snacks, war eine kleine Café-Zone mit Tischen und Stühlen eingerichtet. Die Tische hübsch mit Blumen dekoriert.

An einem kleinen Stand neben der Fischtheke konnte man sich einen frisch aufgebrühten Filterkaffee für 1 € holen und es gab auch Backwaren. Ich fragte die junge Verkäuferin, ob man auch die Croissants aus der SB-Zone hier bei ihr bezahlen und essen kann. Da winkte sie ab, ging zu ihren Regalwagen mit den ganz frisch gebackenen Köstlichkeiten und wir wählten Croissants und allerlei andere süße Backwaren aus, die teilweise noch warm waren. Es hat köstlich geschmeckt. Wir holten uns natürlich noch eine zweite Runde Kaffee und Croissants.

Gestärkt tätigten wir dann noch den üblichen Einkauf für das Tagesproviant und gingen nach draußen. Neben unseren Rädern stand ein neu dazugekommenes Rennrad, das eindeutig nicht von einem anderen Teilnehmer stammte.

Es war ein uraltes Stahlrad. Vorne mit so vielen Taschen beladen, dass der Fahrer mittels eines abgesägten Besenstiels einen zusätzlichen Lenker anbrachte. Der Original-Lenker war nur noch an den Schalt- und Bremshebeln zu fassen. Weitere Taschen und Utensilien hingen auf und unter dem Oberrohr. Auf dem hinteren Gepäckträger waren allerlei Taschen, ein Erste-Hilfe-Set, wie man es aus dem Auto kennt, eine Flasche Öl, eine Spraydose WD40 und schließlich obenauf ein großer faltbarer Plastikeimer. Während wir unsere Einkäufe in unseren Taschen verstauten, kam der Besitzer des originellen Fahrzeugs dazu. Ein kleiner Mann, etwa um die sechzig, mit blitzeblauen Augen. Wir kamen ins Gespräch und erfuhren, dass er am 02.07. in Rom gestartet war und sein Ziel ist ebenfalls das Nordkap. Er sei Musiker, und in seinem Rucksack habe er eine Klarinette dabei, mit der wolle er dann am Nordkap die italienische Nationalhymne spielen. So habe er es einer Frau versprochen, die vor zwei Jahren gestorben war. Eine sehr anrührende Geschichte.

Sehr beeindruckt von der Geschichte dieses Mannes setzten wir unsere Reise durch das beschauliche Finnland fort, das an diesem Morgen wegen des aufkommenden Windes etwas wild erschien. Die Sonne schien wieder und die Seen glitzerten um die Wette.

Man kam nicht umhin an einem der romantischen Ufer anzuhalten, Rast zu machen, und einfach nur den Anblick zu genießen. Und endlich erschien ein Café am Straßenrand, außen sowie innen sehr hübsch und liebevoll dekoriert. Neben Kaffee und ein paar Kleinigkeiten zu Essen gab es auch Souvenirs. Wir ließen uns aber nicht anstecken Schnickschnack zu kaufen. Wir hatten ja schließlich keine Transportkapazitäten.

Genau so etwas hatten wir in Schweden vermisst.

Die Straßen waren hier genauso lang und wellig wie in Schweden, aber es fühlte sich nicht so öde und schwermütig an. Vielleicht lag es daran, dass die Sonne schien, oder weil uns bewusst wurde, wie weit wir nun mittlerweile schon gekommen waren, und alles etwas lässiger nahmen. Ich hatte das Gefühl, das Schlimmste sei nun geschafft, und der Druck, immer gleich weiterzufahren und nicht so lange Pausen zu machen, fiel etwas ab. Es war klar, dass wir, wenn nicht etwas ganz Blödes passiert, das Nordkap locker innerhalb des Zeitlimits von 20 Tagen schaffen würden. So hielten wir auch direkt am nächsten Café wieder an, denn wir hatten mittlerweile wieder Hunger. Hier gab es leckere, fettige Pfannkuchen mit Rentierfleisch, mit Zimt und Zucker oder mit Vanilleeis und Moltebeeren. Moltebeeren (finnisch Lakka) sind orangfarbene kleine Früchte, die vorwiegend in Skandinavien in Sumpfgebieten wachsen. Sie haben sehr viel Vitamin C und schmecken süß-aromatisch, wie eine Mischung aus Aprikosen und Äpfeln. Zu gerne hätte ich ein Gläschen Lakka-Gelee mitgenommen. Sehr schade, dass es diese Beeren nicht auch bei uns gibt.

Wieder sahen wir unterwegs viele Rentiere, die sich völlig ungeniert im Autoverkehr bewegten. Es war mittlerweile echt warm geworden, und ich musste seit ein paar Tagen tatsächlich meine Sonnencreme wieder in Gebrauch nehmen, um Gesicht, Hals und Unterarme zu schützen. Der Gegenwind nahm zu, die Strecke führte immer leicht bergauf, und ich war froh, ab und zu hinter Udo im Windschatten fahren zu können. Das nächste Ziel war schon nahe, wir wollten in der Nähe von Ivalo übernachten und hatten zwei Campingplätze ausgewählt, die wir uns anschauen wollten. Davor passierten wir Saariselkä, einen touristisch bedeutsamen Wintersportort und fanden dort einen Burgerladen und einen Supermarkt vor. Chancen, die wir natürlich nicht verstreichen ließen. Im Burgerladen staunten wir, was eine Gruppe von acht oder zehn Männern am Nebentisch verspeiste. Riesenpizzen und Burger wurden wortlos gierig verschlungen, die Männer waren alle groß und überaus kräftig bis dick. Dagegen wir mit unseren zwei kleinen Burgern auf dem Tablett, was angesichts unseres täglichen Kalorienverbrauchs lächerlich wenig war. Es war irgendwie grotesk.

Weiter ging es Richtung Übernachtungsort durch das spärlich bewachsene Fjellgebiet. Es wuchsen hier nur noch kleine buschige Birken, Gräser und Moose. Nach Erreichen des geografischen Höhepunkts ging es allmählich rund 200 Höhenmeter hinab in die stärker bevölkerte Gegend rund um Ivalo. Der erste Campingplatz, den wir uns anschauten, hat uns nicht gefallen. Er lag zu nah an der Straße und wir wünschten uns einfach nur Ruhe nach dem ganzen Tag Verkehrslärm in den Ohren. Am zweiten Campingplatz haben wir dann eingecheckt, unser kleines Hüttchen bezogen, geduscht und im Restaurant sehr lecker zu Abend gegessen. Wir haben das Essensprocedere sehr effizient gestaltet, indem wir beim Einchecken an der Rezeption schon das Abendessen auf 19.00 Uhr bestellten und somit die Wartezeit fürs Ankommen, Auspacken und Duschen nutzen konnten.

Es wurde sehr schnell kühl, als die Sonne untergegangen war, und wir waren froh über unsere kuschelige Behausung.

Der Tag in Zahlen:
Kärämön - Ivalo 221 KM, 969 HM
gefahrene Zeit 10:38 | verstrichene Zeit 14:00

Unsere kleine "Cabin":

Tag 16 Sonntag 04.08. Der finnische Roller Coaster und eine neue Welt: Norwegen!

Kurz vor vier ging die Reise weiter. Die am Abend vorher gewaschene Hose war zum Glück schon so gut wie trocken, denn es war draußen sehr kühl - aber dafür taghell! Auf der Weiterfahrt passierten wir im Umkreis von Ivola einige Hotels, die mit Schlittenhundefahrten und Nordlichtbeobachtungen warben. Im Winter ist es hier bestimmt schön. Doch jetzt im Sommer ist es vor allem ohne Sonnenschein sehr trist, die unbewaldeten Hügel nur kärglich mit kleinen Büschen und Gräsern bewachsen. Links und rechts der Straße sind mit Schildern die Skibobrouten ausgewiesen. Skibobs sind hier im Winter sicherlich ein probates Fortbewegungsmittel und ein Abenteuerspaß für die Touristen, die hier Urlaub machen.

Heute stand als Höhepunkt die Grenze zwischen Finnland und Norwegen auf dem Programm. Wieder ein neues Land, eine neue Sprache, andere Preise im Supermarkt - vielleicht auch neue Landschaften?

Die Müdigkeit und das kühle Wetter strengten mich sehr an und die finnische Achterbahn bot wenig Abwechslung. Es folgte Welle um Welle. Kaum hat man eine überwunden, sah man am Horizont schon die nächste.

124

Monotonie – die finnische Achterbahn:

Ich wusste nicht, wie ich mich noch wachhalten sollte. Selbst Singen half nicht mehr. Ich hielt mich ansonsten immer wach indem ich den Liedtext von „Sounds Of Silence" übte. Mittlerweile konnte ich ihn auswendig und so war es keine wirkliche Herausforderung mehr, die mich wach gehalten hätte. Schließlich machte es wirklich keinen Sinn mehr weiterzufahren. Udo hatte mich inzwischen eingeholt. Ihm erging es genauso. Also machten wir Rast an einem kleinen Denkmal auf einem Parkplatz. Udo kroch in seinen Schlafsack, um sich aufzuwärmen. Ich versuchte es ohne Schlafsack und machte ein Nickerchen im Sitzen, mit dem Rücken an das Steindenkmal gelehnt. Durch die Kälte wachte ich schon bald wieder auf und beschloss weiterzufahren. Udo schlief noch. Aber in der Kälte auf ihn zu warten und zu frieren, das wollte ich nicht. Zu groß war die Erkältungsgefahr. So ließ ihn schlafen und fuhr weiter.

An einer Abzweigung war dann zum ersten Mal auf einem großen Verkehrschild das Nordkap angeschrieben! Weiter geradeaus würde die Straße weiter nach Russland führen. Ich war sehr beeindruckt. Ich bin tatsächlich so weit mit dem Fahrrad gefahren, bis ich Straßenschilder mit russischen Ortschaften zu lesen bekam! Da mußte ich für eine Minute absteigen und den Eindruck in Ruhe genießen.

Von hinten rollte dann irgend-wann gemütlich Pierre Rioux (#90) heran. Udo hatte ihn zuvor schon öfter unterwegs getroffen und mir von ihm erzählt. Ich sah ihn heute das erste Mal. Wir un-terhielten uns eine Weile. Dann war er plötzlich hinter mir ver-schwunden, überholte mich aber nach ein paar Kilometern wie-der. Ich war immer noch total müde und hoffte, bald an die Grenze zu kommen, um eine Ab-wechslung zu haben. Dann end-lich - ein Hinweisschild auf ein Café. Nur wenige Kilometer ent-fernt, die sich aber natürlich end-los zogen. Es begann das große Hoffen, dass es auch schon ge-öffnet hat. Ich brauchte

unbedingt einen Kaffee und wollte mich kurz im Warmen ausruhen. Immerhin hatte ich an diesem Morgen schon fast 100 Kilometer zurückgelegt. Das Café hatte tatsächlich geöffnet, denn der angeschlossene Campingplatz war recht gut besucht und die Gäste wollten ja auch frühstücken. Beim Hineingehen hörte ich, dass Französisch gesprochen wird! Pierre war schon da und unterhielt sich angeregt mit den Betreibern der Anlage: Zwei Franzosen. Ich bestellte mir einen Kaffee und ein Stück Kuchen und wärmte mich auf. Durch den Wirt erfuhren wir, dass es nur noch 40 Kilometer bis zur „grande descente" waren. Zur großen Abfahrt, die uns aus der finnischen Hochebene bringen sollte. Direkt kurz vor Ende der Abfahrt sei die Landesgrenze und rechts davon, noch auf finnischer Seite, etwas unscheinbar, ein Supermarkt. Dort könnten wir einkaufen.

Das taten wir dann auch! Am Supermarkt traf ich wieder auf Udo. An der Kasse saß der unfreundlichste und mürrischste Mensch, den wir auf der ganzen Reise getroffen hatten. Ich erwähne das nur, weil es so im krassen Gegensatz zu den anderen Begegnungen unterwegs stand. Überall trafen wir auf freundliche und hilfsbereite Menschen. Sei es im Supermarkt, an der Tankstelle, im Hotel oder einfach unterwegs auf der Straße, wenn man nach dem Weg fragte oder seine Trinkflaschen aufgefüllt haben wollte.

Pierre war auch schon da und vesperte, vergaß beim Wegfahren aber aber seine Tüte mit Zimtschnecken. Ich hatte noch Platz in meiner Proviantasche und packte die Zimtschnecken ein. Zum Stehenlassen war es zu schade, und vielleicht konnte ich sie für den Notfall selbst gebrauchen.

Grenze Finnland-Norwegen:

Schließlich fuhren auch wir weiter und überschritten die Grenze nach Norwegen. Und prompt wurde das Wetter besser! Die Sonne kam heraus und wärmte die Luft. Wir fuhren gemütlich an einem Flusstal entlang. Das Landschaftsbild war nun ein komplett anderes: Der Fluss schlängelte sich dunkelblau durchs Tal, das Ufer sandig-gelb, grüne Wiesen rechts und links,

die von Schafen beweidet wurden. Es war nach der finnischen
Tristesse dieses Morgens ein Fest der Farben!

Mit der Gemütlichkeit war es dann schnell wieder vorbei, denn
es ging nach ein paar flachen Kilometern wieder stetig bergan auf
die nächste Hochfläche. Die Sonne brannte und es war sehr
warm, aber der Rückenwind half und schob mich gut voran.
Kleine dunkelblaue Seen, von Hecken und leider auch Zäunen
umsäumt, waren überall zu sehen. Ich hatte großen Durst, und
meine zwei Trinkflaschen waren fast leer. Ich hätte sie gerne an
einem der Seen aufgefüllt, aber da kam man nicht bis ans Ufer
heran. Dann endlich ein größerer See. Ohne Zaun! Ich sah Udos
Rad am Straßenrand stehen und machte dann ebenfalls dort Rast.
Wir genossen ein paar Minuten die Ruhe und aßen einen Apfel
gegen den Durst.

Wir hatten noch keinen Plan, wie weit wir an diesem Tag noch fahren wollten. Also vereinbarten wir, uns einfach an der nächstgelegenen Verpflegungsstelle in Lakselv wieder zu treffen und uns dort zu beraten. In Lakselv hätten wir dann eine Tagesetappe von 230 km geschafft. Da könnte man theoretisch auch noch ein paar Kilometer mehr machen. Das Wetter war ja gut und die Tage sind hier oben lang…

Auf der langen und rasanten Abfahrt aus der Hochebene überholte mich David, ein Holländer. Der fiel mir schon in Rovereto wegen seiner Größe und seiner eleganten Erscheinung auf. In Lakselv angekommen, an einem kleinen sehr belebten Platz zwischen Tankstelle und Hotel, trafen wir dann alle wieder: David, der noch nicht wusste, ob er weiterfahren soll oder nicht, Pierre, der hier im Hotel eincheckte, und Udo und ich. Ich habe Pierre feierlich seine Zimtschnecken überreicht, die er an der

Grenze vergessen hatte. Er war echt überrascht und hat sich bedankt. Ich hatte aber den Eindruck, ihm wäre jetzt ein anständiges Schnitzel lieber gewesen, als diese zerdatschten und sonnenverwöhnten Zimtschnecken.

Wir wollten hier noch nicht die Etappe beenden, sondern auf jeden Fall weiterfahren. Wir fanden auf booking.com eine Unterkunft in 70 Kilometer Entfernung. Den Tipp gaben wir an David weiter und er buchte sich ebenfalls dort ein. Er war sehr nett, und ich musste meinen ersten Eindruck von ihm, dass er arrogant wäre, revidieren.

An der Tankstelle holten wir uns noch ein paar Snacks und füllten unsere Wasserflaschen auf. Wegen des starken Andranges musste man ewig an der Kasse anstehen. Jeder, der hier vorbeifuhr, wollte tanken und noch etwas essen, denn es gab weit und breit keine andere Möglichkeit dazu.

Ein paar Kilometer außerhalb des Ortes habe ich das erste Mal das Meer gerochen. Unglaublich - vom Gardasee bis ans Meer im hohen Norden mit dem Fahrrad. Das ist schon ganz schön verrückt. Ich weiß ehrlich gesagt nicht, ob ich diese Strecke mit einem Auto fahren wollte...

Wir fuhren ab jetzt immer an der Küstenlinie entlang. Nicht am offenen Meer, aber an einem riesigen Fjord. Die Uferstraße gesäumt von kleinen Orten und Fischerhäusern. Gefühlt zog es sich endlos, denn ich war mittlerweile ziemlich platt und das wellige Profil war sehr anstrengend. Ich gab es auf Udo irgendwie hinterherzukommen. Das war sinnlos. Ich war müde, hungrig und verzweifelt, ich wollte nicht mehr weiter. Mein zweiter richtiger Tiefpunkt auf dieser Reise.

Dann plötzlich - die Rettung: Linkerhand neben einem großen Parkplatz sah ich Udos leuchtendgelbe Warnweste und er winkte mich heran, ein Glas Bier in der Hand. Er saß vor einem Restaurant an einem Tisch zusammen mit einem Mann und einer Frau. Der Parkplatz gehörte zu einem kleinen Restaurant, dessen Küche leider schon geschlossen hatte. So setzte sich Udo einfach zu den zwei Schweizern an den Tisch. Die hatten mitbekommen, dass man im Restaurant nichts mehr zu essen bekam und haben sofort aus ihrem Auto ihre Kühlbox geholt. Ich kam gerade dazu, als sie alles auspackten und auf den Tisch stapelten: Brot, verschiedene Wurst- und Käsesorten, Kekse, Kuchen, Schokolade. Ein Festessen für uns! Sie teilten gerne mit uns, denn für sie wäre es ja im Gegensatz zu uns ein leichtes, wieder neuen Proviant am nächsten Tag einzukaufen, erklärten sie.

Die beiden waren zum Lachsangeln hier. Heißt: er angelt und sie verbummelt dann irgendwie den Tag. Wir erfuhren viel über die Geheimnisse des Fliegenfischens und die Angel-Regularien, denn man darf sich natürlich nicht einfach irgendwo an einen Fluss stellen und die Angel hineinhalten. Berechtigungsscheine fürs Angeln werden im Losverfahren vergeben. Wir mussten viel über unsere Tour erzählen, die Fahrradausstattung wurde begutachtet, und sie waren voller Bewunderung für uns.

Beschwingt durch die schöne Unterhaltung und das erfrischende Bier machten wir uns auf die letzten sieben Kilometer bis zur Unterkunft, die wir dann in ein paar Minuten erreichten. „Stensens Overnatting" lag unscheinbar an der Straße, auf dem schmalen Streifen zwischen Küstenstraße und Wasser, das Gelände leicht abschüssig. Wir öffneten das Hoftor und trugen die Räder die breiten Stufen hinunter bis zum Haupthaus.

Rechts davon, ineinander verschachtelt, befanden sich ein paar kleinere Häuschen, alles in sehr dunklem Holz gebaut. Wir klingelten und eine zierliche Frau um die sechzig öffnete uns. Sie stellte sich als Hilda vor. Wir erklärten, dass wir über booking.com gebucht hatten. Zunächst waren wir uns nicht sicher, ob sie das verstanden hatte. Sie wirkte etwas beschwipst. Sie zeigte uns dann voller Stolz die allgemein zugängliche Küche und die Sanitäranlagen. Sie und ihr Mann hatten das kleine Paradies erst wenige Monate vorher übernommen und renoviert. Schließlich ging es ums Haus herum noch ein paar Holzstufen Richtung Ufer zu unserem Häuschen: Ein kleines schnuckeliges, romantisches Hüttchen. Sauber und hell im maritimen Stil eingerichtet mit Blick direkt auf das Wasser. Der Türstock war sehr niedrig und man musste sich bücken, um hineinzugelangen. Die

Räder konnten wir direkt vor der Hütte auf unserer Holzterrasse stehen lassen. David war schon vor uns angekommen Wir sahen ihn während unseres Schweizer-All-You-Can-Eat-Picknicks vorbeirollen. Außer dem Duft nach Herrenduschgel in der Dusche, war von ihm keine Spur mehr zu erkennen.

Es wird mit dem Einschlafen zunehmend schwieriger, da es nachts gar nicht mehr richtig dunkel wurde. Aber dank der großen Müdigkeit klappt's dann doch irgendwann.

Der Tag in Zahlen:
Ivola FI - Russenes NO 304 KM, 2108 HM
gefahrene Zeit 14:45 | verstrichene Zeit 19:40

Tag 17 Montag 05.08. Endspurt!

Wenn nichts schiefgeht werden wir heute das Nordkap erreichen. Der Gedanke ist so groß, dass ich noch gar kein Gefühl dafür habe.

Der Popo und die Knie schmerzen wie jeden Morgen. Aber die Aussicht, dass es nun bald geschafft sein wird. macht es erträglich. Die Sonne scheint schon. Der Himmel ist klar und wolkenlos und wir haben leichten Rückenwind. Bedingungen, die übers Jahr gesehen wohl die wenigsten Reisenden an diesem Ort vorfinden. Kurz nach fünf Uhr starten wir zur letzten Etappe. Die zu bewältigenden 120 Kilometer bis zum Ziel sollten kein Problem mehr sein. Aber wir müssen trotz aller Euphorie auch bedenken, dass das Nordkap noch nicht das Ende der Reise sein würde, und wir uns Gedanken über die nächsten Tage zu machen haben. Unsere Strategie war, in Honningsvag zu übernachten und am darauffolgenden Tag mit dem Bus nach Alta zum Flughafen zu fahren. Ich fand es total nervig über die Rückreise nachdenken zu müssen, bevor man am Ziel ankommt.

Auf der Schlussetappe waren zwei Tunnel angekündigt. Einer davon ist der Nordkap-Tunnel, 6875 Meter lang. Er liegt bis zu 212 Meter unter dem Meeresspiegel und verbindet Mageroya, die Insel auf der das Nordkap liegt, mit dem Festland. Vor dem Tunnel grauste mir schon seit ich das erste mal davon in der Ausschreibung las. Ich stellte ihn mir wie einen dunklen Eiskeller vor.

Aber zunächst führte die Strecke sehr schön über kleine
Anhöhen. Es folgten ein paar holprige, mit Schotter eingestreute
Baustellenabschnitte. Dann ging es wieder hinunter an die Küste

und wieder weg vom Meer über höher gelegene weite Grasflächen. Rentiere grasten links und rechts der Straße und ließen sich vom Autoverkehr nicht beirren. Vor Fahrrädern hingegen sind sie auch hier immer weggerannt. Ich hatte keine Gelegeheit mal ein schönes Foto von ihnen zu machen.

Zur Einstimmung in die Tunnelwelt durchfuhren wir erst den Skarvbergtunnel. Der ist ca. 3,5 km lang, erst zwei Jahre alt, und mit einer großzügigen, durch ein Mäuerchen abgegrenzten, Fahrradspur versehen. Es war kühl im Tunnel. Ich war froh, nicht auf meine warmen Beinlinge und die Windjacke verzichtet zu haben. Draußen wärmte mich die Sonne schnell wieder auf. Die Straße schlängelte sich idyllisch an der Küste entlang. In jeder Bucht standen Camper und manchmal auch Zelte. Es gab einige Plätze, die zum Verweilen einluden. Dann endlich: die Einfahrt zum großen Gruseltunnel!

Der Eingang zum Nordkap-Tunnel:

Es ging den ersten Kilometer steil abwärts in die eisig kalte Tunnelröhre. Das Gefälle betrug 9 bis 10%. Eine Fahrradspur gab es nicht, rechts der Fahrbahn befand sich lediglich ein schmaler und holpriger Gehsteig, der durch eine hohe Bordsteinkante von der Fahrbahn getrennt war. Darauf zu fahren war keine Alternative, die Sturzgefahr war eindeutig zu groß. In einer Haltebucht machte ich erstmal einen Stopp und zog mir noch eine Jacke über. Es war zum Glück wenig Verkehr, denn die Fahrzeuge verursachten hier drin einen Höllenlärm. Wenn man selbst im Auto durch solch einen Tunnel fährt hat man überhaupt keine Vorstellung davon. So ging es kilometerlang durch die Eiseskälte. Ich versuchte mich irgendwie bei Laune zu halten. Dann nahte von hinten ein LKW, ein Hängerzug. Er überholte mich. Der Fahrer machte sich keine Mühe einen halbwegs respektvollen Abstand einzuhalten. Er hätte komplett auf die Gegenspur wechseln können denn es kam kein Gegenverkehr. Dann plötzlich scherte er viel zu früh wieder ein, als habe er vergessen, daß er noch einen Anhänger hat. Ich sah den Hänger immer näher von links kommen, bremste voll ab, und schrie nur noch. Wäre ich nach rechts ausgewichen hätte mich die Bordsteinkante zu Fall gebracht. Also blieb mir nur Bremsen und Hoffen. Und Schreien. Es ging gut aus. Ab da war mir nicht mehr kalt, ich war nur noch entsetzt. Dann führte die Tunnelröhre wieder nach oben. Die 212 Höhenmeter bis zum Meeresspiegel (oder in diesem Fall: Tiefenmeter?) mussten ja irgendwie überwunden werden. Es war steil und nur anhand der Krümmung der Tunneldecke konnte man verstehen, warum die Kurbelei immer anstrengender wurde. Denn die Orientierung an einem Landschaftsbild gab es ja nicht.

Endlich wieder draußen!:

Überlebt! Welch ein Abenteuer....

Nun sind wir auf Mageroya angekommen. Auf den letzten 31 Kilometern bis zum Nordkap galt es noch zwei lange Anstiege zu überwinden. Davor wollten wir uns noch stärken und machten in Honningsvag Stopp. Direkt an einer Tankstelle gab es, von außen völlig unscheinbar, ein "Bistrole" aber innen fanden wir eine lange Theke voller Köstlichkeiten vor: Croissants, Würstchen, Sandwiches und Kuchen. Die zwei jungen Herren hinter der Theke waren zum Glück sehr geduldig mit uns. Bei der großen Auswahl konnten wir uns nicht so schnell entscheiden. Es gab sogar frische Pfannkuchen und starken Filterkaffee. Wir füllten unsere Tassen und Teller und machten es uns draußen auf der kleinen sonnigen Holzterrasse gemütlich. David rollte auch heran und holte sich ein Frühstück. Er hatte etwas länger geschlafen und war später von „Stensens Overnatting" aus gestartet.

Dann ging es los auf die letzen Kilometer. So langsam breitete sich eine wohlige leise Euphorie in mir aus - das Nordkap wartet! Es war sehr warm, die Sonne brannte auf meine schmerzenden Ohrläppchen. Ich hatte zu oft vergessen sie einzucremen und versuchte nun, sie einigermaßen mit dem Käppi vor der Sonne zu verstecken. Die Touristen waren mittlerweile auch schon wach. Der Autoverkehr hatte etwas zugenommen, aber alles noch in erträglichem Rahmen. Ich hatte deutlich mehr Rummel auf diesen letzten Kilometern befürchtet. Udo die Bergziege war schnell aus meiner Sichtweite. Ich kurbelte wie immer gemütlich und in meinem Tempo vor mich auf dem ersten langen Anstieg.

Anstieg Nr. 1:

Ich wusste zum Glück, dass es zwei Anstiege sind. Also erst mal tapfer hochfahren, eine rasante Abfahrt hinunter, dann noch ein Anstieg. Unterwegs kamen mir immer wieder strahlende Radler entgegen, die vom Nordkap zurückkehrten. Ich war mir nicht sicher was ich denken sollte. „Die Glücklichen haben es schon hinter sich" oder „Die Armen, die haben es schon hinter sich". Nur noch wenige Kilometer, dann werde auch ich ankommen! Ich freute mich. Genoß dieses warme Glücksgefühl und es flossen sogar einige Freudentränchen. Ich versuchte die Tage vom Start bis hierher nachzuvollziehen. Aber es waren zu viele Eindrücke. Mein Kopf war müde und ich brachte die Ereignisse nicht in die chronologisch richtige Reihenfolge. Ich war glücklich über das Erreichte, aber irgendwie auch traurig, dass es nun gleich vorbei sein wird. Das Ziel, für das man jeden Morgen aufgestanden war, trotz der Müdigkeit, trotz der

Wehwehchen, war plötzlich erreicht. Das war irgendwie unvorstellbar.

Und dann war das Ziel tatsächlich in Sichtweite. Nur noch ein paar Höhenmeter am Besucherparkplatz vorbei. Da sah ich dann das große Touristencenter, hinter dem sich das berühmte Denkmal mit der Weltkugel befindet.

Geschafft !!!

Foto: Northcape 4000 (Matteo Dunchi, Darim Da Prato, Francesco Nguyen)

Auf einem großen Steinblock saß Udo und winkte mir zu. Der Fotograf Matteo war auch schon zur Stelle. Es gab herzliche Umarmungen mit Udo und David, der auch schon hier oben angekommen war. Wir beglückwünschten uns gegenseitig und jeder hatte ein breites glückliches Grinsen im Gesicht.

Der Fotograf gab uns dann genaue Anweisungen, was zu tun war: Mit den Rädern hinter das Gebäude zur Weltkugel fahren, dann Fotos machen etc.

Ich war etwas überfordert und wollte für einen Moment lieber allein sein. Naja, wir machten dann eben die Bilder auf dem Podest mit der Skulptur. Erst Udo, dann wir beide zusammen, dann ich. Die anderen Touristen machten uns Platz und warteten geduldig bis das Procedere beendet war und applaudierten sogar ein wenig. Ein Schweizer war dann so hilfsbereit und hat für mich mein Rad vom Podest wieder nach unten gelupft.

Ich kam als fünfte Frau nach Christine, Gillian, Annika und Ramona ins Ziel, und war insgesamt unter den ersten sechzig „Finishern". Mehr als die Hälfte der Starter sollte das Ziel gar nicht erreichen. Ich war mehr als zufrieden mit meiner Leistung. Damit hatte ich zu Beginn der Reise niemals gerechnet!

Wir mussten dann abseits von der Skulptur noch auf einen ganz bestimmten ausgewählten Stein stehen und der Fotograf machte noch Portraitaufnahmen mit der Erdkugel-Skulptur im Hintergrund. Dann endlich durften wir ins Besucherzentrum um unseren letzten Stempel fürs Kontrollheftchen zu holen. Dort wartete einer der Veranstalter und stempelte unser Kontrollbüchlein ab, gratulierte und bedankte sich für unsere Teilnahme. Er war zwar freundlich aber ich vermisste die Empathie und Herzlichkeit, die man sich dann als Angekommener doch wünscht. Wir gingen noch in den Souvenirshop, Udo kaufte Postkarten für zu Hause und ich erstand zwei Mini-Nachbildungen der Nordkap-Skulptur als Trophäe für Udo und mich.

Dann ging es daran, an die Rückkehr vom Nordkap nach Honningsvag zu denken. Wir erfuhren, dass der Bus, der zwischen Nordkap und Honningsvag pendelt, seit zwei Jahren nur noch einmal am Tag um 13.00 abfährt. Und wir haben ihn natürlich verpasst! Ich war schlagartig schlecht gelaunt, ich hatte absolut keine Lust mehr, diese zwei Anstiege nochmal zu fahren. Aber alles Jammern half nicht. Da musste ich jetzt wohl durch.

Lustlos fuhr ich los, aber dann, als mir immer wieder Radler entgegenkamen, die also das große Ziel gleich erreichen würden, hatte ich plötzlich wieder Spaß an der Strecke. An den anderen Gesichtern war pure Freude zu sehen und ich schämte mich ein wenig, weil ich an diesem einzigartigen Ort mir wegen eines verpassten Busses die Laune verderben lies. Ich freute mich mit den Entgegenkommenden. Es wurde viel gelacht und gewunken. An der Begeisterung der anderen habe ich immer mehr begriffen, was ich da die letzten Tage bis zu diesem Punkt geleistet hatte. Es wurde durch sie für mich endlich greifbar. Wenn sich jemand dermaßen freut, muss es ja tatsächlich etwas ganz besonderes sein! Und auch Marco kam mir entgegen - er hat seine Muskelzerrung wohl in den Griff bekommen und konnte weiterfahren - super! Schlußendlich war ich froh, die Strecke nicht mit dem Bus gefahren zu sein. Welche Geschichten wohl die anderen Radfahrer hierher gebracht hatte. Und wo sie alle herkamen. Es waren Menschen aller Couleur, in Zweiergruppen oder alleine, junge und alte, leichte Rennräder und schwerbepackte Tourenräder. Ich musste auch wieder an den italienischen Klarinettisten denken.

Abfahrt nach Hønningsvag:

Zurück in Honningsvag war die erste Anlaufstelle der Supermarkt. Ein erfrischender Joghurtdrink und etwas

147

Schokolade taten jetzt gut! Bis ins "Arctic Hotel Nordkapp" waren es nur noch drei oder vier Kilometer. Unterwegs traf ich Mateusz Tondel. Er war im selben Hotel wie wir untergebracht und wir verabredeten uns lose zu einem Treffen am Abend in der Lounge oder im Restaurant. Udo und ich checkten ein und durften unsere Räder in einem Nebenraum abstellen, in dem rund um eine Tischtennisplatte schon viele andere Räder geparkt waren. Auch allerlei Verpackungsmaterial in Form von Kartonagen, Luftpolsterfolien und Klebeband war zu sehen. Manche wollten wohl hier schon ihre Räder für den Rückflug einpacken und hatten das entsprechend gut vorab organisiert.

Typische "Bike-Garage":

Auf dem Zimmer haben wir, da wir in unseren Radklamotten zurückreisen müssen und nicht durch unseren Geruch unangenehm auffallen wollten, wenigstens Radhosen und Socken gewaschen und so gut es ging mit dem Föhn getrocknet. Anschließend haben wir auf den Smartphones noch nach Flugverbindungen gesucht und unsere Tickets gebucht. Ein Abendessen im Restaurant brauchten wir nicht. Wir hatten noch genügend Proviant in Form von Thunfisch, Makrelenfilets in Tomatensoße, Knäckebrot und Linsen. Wir gingen dann aber doch auf ein Getränk hinunter. Wir trafen Tim, Ramona und noch zwei andere, an deren Namen und Gesichter ich mich nicht mehr erinnern kann. Einen habe ich wohl bewusst aus meinem Gedächtnis gestrichen, nachdem er angemerkt hatte, er fände es klasse, dass ich bis hierhergereist sei um Udo abzuholen.

WHAT ???

Es wurde sehr spät bis wir dann alle bezahlt hatten. Die Bedienung wartete schon eine Weile sichtlich ungeduldig auf unseren Aufbruch. Überhaupt empfand ich die Menschen hier ganz oben im Norden verglichen mit den anderen Skandinaviern, die wir zuvor getroffen hatten, eher seltsam und etwas verschroben. Ob es wohl an den extremen Lebensbedingungen hier mit langem Winter und wenig Licht, oder kurzem Sommer mit viel Licht liegt? Und was tun die Menschen hier oben, wenn die Sommer-Touristen weg sind? Wie so oft - viele Fragen, deren Antworten sich einem nicht erschließen, da man nur für einen kurzen Augenblick verweilt. Das ist der Nachteil diese Ultracycling-Fahrten: Man sieht viel von Land und Leuten, aber zum wirklichen Eintauchen in die bereisten Gegenden bleibt keine Zeit.

Der Tag in Zahlen:

Russenes - Nordkap   120 KM   1508 HM gefahrene Zeit 5:46

verstrichene Zeit 7:12

Nordkap - Honninsvag 34 KM   478 HM gefahrene Zeit 1:57

verstrichene Zeit 2:37

Dienstag 06.08. Das Runde muss ins Eckige (oder: wie verpacke ich ein Fahrrad?)

Ein neuer Tag wartete auf uns. Wir konnten ausschlafen, in aller Ruhe die frisch gewaschenen Radklamotten anziehen und zum Frühstück gehen – wir freuten uns über diesen Luxus! Wir fanden ein paradiesisch reichhaltiges Buffet vor – und wer saß schon dort!? Natürlich: Marco! Es war schön, ihn wiederzusehen, und wir setzten uns zu ihm an den Tisch. Das Frühstück war so lecker: wir konnten gar nicht genug bekommen von frischen Brötchen, Eiern, Käse, Pfannkuchen und vor allem Kaffee. Später gesellten sich auch noch Tim und Ramona dazu. Ramona hatte ihren bereits gebuchten Rückflug ab Alta storniert und wird sich Tim anschließen, der mit dem Postschiff nach Tromsø fährt und noch ein wenig in Norwegen herumgondeln möchte. Wir blieben beim Frühstück sitzen bis vom Personal alles abgeräumt wurde. Schließlich war es dann auch für uns Zeit zu packen und zur Bushaltestelle aufzubrechen. Gegen Mittag fährt der Bus nach Alta ab. Wir hatten uns taktisch klug zur ersten Haltestelle in Honningsvåg begeben. Die Haltestelle lag neben einer Schule, die geschlossen zu sein schien – vielleicht Sommerferien? Aber der Schulhof war von einer kleinen Rentierherde bevölkert – die wohnen hier einfach mitten im Ort!

Rentier-Schule:

Ebenfalls auf den Bus wartete noch ein Rennradfahrer aus Italien, der sich über die letzten Jahre immer etappenweise von Italien bis ans Nordkap vorgearbeitet hatte.

Unsere Räder mussten wir im Laderaum aufeinander legen, denn einen Radträger am Heck hatte der Bus nicht. An der zweiten Haltestelle stiegen drei weitere Radfahrer ein. An der übernächsten Haltestelle warteten ebenfalls zwei Fahrer, ein Mann und eine Frau aber die durften leider nicht mitfahren. Es war kein Platz mehr für die Räder. Die beiden schauten sehr verdutzt, als der Bus dann einfach ohne sie weiterfuhr. Jetzt mussten die beiden gute drei Stunden auf den nächsten Bus warten.

Der Bus fuhr natürlich dieselbe Strecke zurück, die wir mit dem Rad auf dem Weg nach Honningsvåg zurückgelegt hatten. Eine andere Straße gab es hier ja auch nicht. Ich war beeindruckt, wie lang sich die Strecke zog – und das war ich mit dem Rad gefahren!? Und noch viel mehr!?? Ich kann es immer noch nicht so richtig begreifen.

An der Tank-Raststelle, an der wir vor ein paar Tagen von dem Schweizer Paar zum Picknick eingeladen worden waren, machte der Bus Halt. In der Cafeteria besorgte ich Croissants für unterwegs, dann ging es nach ca. 15 Minuten weiter. Pünktlich kamen wir nach ungefähr drei Stunden Fahrt im Zentrum von Alta an.

Ich hatte schon vor dem Start des Events bei einem Sportgeschäft in Alta per E-Mail nach Radkartons gefragt, die wir für den Rückflug benötigen würden, wurde dann aber vertröstet, es zwei oder drei Tage vor unserem Abflugdatum noch einmal zu versuchen. Man habe keinen Platz, um die Kartons so lange lagern zu können. Aber auch vor zwei Tagen hatte ich eine Absage erhalten.

Also Plan B: Umzugskartons, Luftpolsterfolie und Klebeband besorgen. In einem Baumarkt wurden wir und zwei weitere Teilnehmer aus Malaysia fündig. Angeblich sei es ja völlig easy, daraus einen Radkarton zu basteln…

Einkauf im Baumarkt:

Im Städtchen haben wir noch gut gegessen, und erst hier wurde mir das hohe Preisniveau bewusst: Für zwei Burger mit Pommes und zwei Bier zahlte ich 54 €. Meine Güte. Vom Supermarktessen zu leben war dagegen deutlich günstiger. Vollbepackt mit den sperrigen Umzugskartons und der Folie fuhr Udo los. Ich fuhr mit schlechtem Gewissen hinterher, weil mir für so ein sperriges Extragepäck das fahrerische Geschick fehlt und ich nicht mithelfen konnte.

Zum Flughafen war es zum Glück nicht weit, nach 15 Minuten waren wir schon da! In der Abflughalle trafen wir wieder den Teilnehmer mit der wippenden Isomatte, der auch hier am Flughafen übernachten wollte. Er hatte ebenfalls einen frühen Flug am nächsten Morgen. Das war auch unser Plan, denn unser Flug ging am nächsten Morgen um 7:00 Uhr, und es machte keinen Sinn, wegen ein paar Stunden ein Hotelzimmer zu mieten und dann mit den in Kartons verpackten Rädern per Taxi zum

Flughafen zu fahren. Diese Ausgaben sparten wir uns gern, und wir hatten ja sowieso Isomatte und Schlafsack dabei. Also warum nicht gleich am Flughafen übernachten!?

Vor dem Eingangsbereich im Freien war neben der Raucherzone ein abgegrenzter überdachter Bereich mit kleinen Tischchen und Stühlen. Da richteten wir uns ein. Zunächst hieß es aber die Räder auseinanderzubauen und zu verpacken.

Packstation:

Erster Versuch:

Also gut: alle Taschen abmontieren, Vorderrad und Hinterrad ausbauen, Lenker lösen und nach innen-unten drehen. Dann aus den Umzugskartons einen Radkarton basteln. Von wegen easy – das hat nicht so gut funktioniert wie gedacht... Panik kam auf. Wenn wir die Räder nicht ordentlich verpacken, nimmt die Fluggesellschaft sie nicht an, und wir können nicht fliegen. Wir bräuchten Nachschub an Spanngurten, meinte Udo, dann könne er das alles irgendwie zusammenzurren. Mit dem lausigen Klebeband war alles viel zu instabil.

Es war mittlerweile schon nach 20:00 Uhr, der Baumarkt in der Innenstadt hatte noch knapp 40 Minuten geöffnet, und wir hatten kein Rad mehr zur Verfügung, um zum Baumarkt zu kommen. Die einzige Lösung war, mit dem Taxi zum Baumarkt zu fahren, Spanngurte besorgen und mit dem Taxi wieder zurück zum Flughafen. Welch ein Abenteuer

Mit den zusätzlichen Spanngurten und einigen Kartonagen, die vermutlich noch von Vorgängern in der Flughafenhalle liegen gelassen wurden, hat es dann geklappt. Die Räder waren zu unserer und dann auch hoffentlich zur Zufriedenheit der Fluggesellschaft verpackt. Oh Mann, wieder so eine Aufregung mit der Verpackerei für den Rückflug. Ähnliches hatte wir schon vor zwei Jahren in Portugal beim Rückflug ab Faro erlebt....

Das muss halten!

Der Kollege nebenan, der ebenfalls hier schlief, hatte sich einen riesigen Fernsehkarton organisiert. Ich war etwas neidisch, denn der sah echt stabil aus. Ach ja, das Paar, das mittags in Honningsvåg von unserem Bus nicht mitgenommen wurde, war mittlerweile auch am Flughafen angekommen. Sie sprachen Französisch, nach kurzer Beratung vor dem Flughafengebäude verschwanden sie, kamen dann nach ein paar Stunden wieder und hatten richtig tolle, große Kartons dabei. Die müssen sie irgendwo an einem Supermarkt oder Elektrogeschäft organisiert haben. Ich glaube, unsere Umzugskarton-Idee war nicht ganz ausgereift, und wir hätten vielleicht auch nach einer anderen Lösung suchen sollen. Naja, hinterher ist man immer klüger.

Da noch etwas Betrieb am Flughafen war, wollten wir uns noch nicht zum Schlafen hinlegen und unterhielten uns mit anderen Reisenden. Ein paar österreichische Angler warteten nervös auf ihr Spezialgepäck, das auf ihrem Flug abhanden gekommen war. Ich glaube, es ging um das Vakuumiergerät, das sie brauchten, um die Angelbeute für die Heimreise verpacken zu können. Die älteren Herren reisen schon seit Jahren immer wieder hierher nach Alta um zu fischen. Nun mussten sie ein paar ankommende Flugzeuge abwarten, die dann hoffentlich das vermisste Gepäckstück mitbringen würden.

Wie die Geschichte ausging, weiß ich nicht mehr – vielleicht haben wir da auch schon geschlafen, oder es ging in unserem Verpackungsstress unter.

Wir rollten unsere Isomatten aus und kuschelten uns in unsere Schlafsäcke. Da nach 22:00 Uhr kein Flug mehr ging, wurde es schnell ruhig an dem kleinen Flughafen. Außer dem Schnarchen unseres „Zimmernachbarn" war nichts zu hören. Aber diese Helligkeit...

Hotel Flughafen:

Mittwoch 07.08. Nur Fliegen ist schöner

Um 5:30 Uhr checkten wir ein. Die Räder wurden anstandslos am Schalter für Sperrgepäck entgegengenommen und wir warteten erleichtert auf unseren Flug. In Oslo mussten wir auschecken und wieder neu einchecken, da wir bei unterschiedlichen Fluglinien gebucht hatten und in dem Fall das Gepäck nicht weitergeleitet wird. Hier war die Dame am Schalter etwas pingelig und bezweifelte, daß unsere Räder auch wirklich gut verpackt waren. Wir befürchteten schon, es würde Probleme geben, aber nachdem wir uns ihre Bedenken geduldig angehört hatten und glaubhaft versicherten, dass alles sehr gut verpackt sei, geleitete sie uns schließlich schnellen Schrittes zum Schalter fürs Sperrgepäck und half uns sogar, die Räder aufs Band für den großen Röntgenapparat zu lupfen. Die Kontrolleure signalisierten mit "Daumen hoch", dass alles okay sei, und wir konnten dann selbst zur Sicherheitskontrolle gehen.

Einsteigen in Oslo:

Von Oslo flogen wir weiter über Hamburg, von da nach drei Stunden Wartezeit nach Stuttgart. Die Räder kamen uns in Stuttgart lieblos und mit Schwung aus der Tür der Sperrgepäck-Abholung entgegen. Die Kartonagen waren nicht mehr an all den Stellen, wo sie sein sollten, und die Spanngurte waren verrutscht. Alles drohte auseinanderzufallen. Wir hatten etwas Sorge, was uns wohl beim Auspacken am nächsten Tag erwarten würde... Mit der Straßenbahn und S-Bahn fuhren wir dann nach Hause und waren gegen 23.00 Uhr todmüde wieder daheim.

Nachtrag: Die Räder waren beim Flug nicht beschädigt worden, allerdings hatte mein Rad durch das Aufeinanderlegen im Bus ab Honningsvåg ein gebrochenes Schaltauge.

Auspacken:

Am 09. August kam auch Karin am Nordkap an. Sie hat es trotz Sitzproblemen, Zwangspause und verdorbenem Magen noch geschafft, im Zeitlimit das Ziel zu erreichen. Eine Kämpferin!

Der Alltag hatte mich schnell wieder. Ich genoss das Ausschlafen an den letzten Urlaubstagen, die ich noch hatte, bevor es wieder zur Arbeit ging.

Insgesamt fühlte ich mich müde, aber nicht total entkräftet, und ich hatte auch keine Probleme wie z. B. taube Finger oder Hände.

Nach nur zwei Tagen saß ich schon wieder mit Spaß auf dem Rad, um meine Alltagsstrecken zu bewältigen. Nach einer Woche fühlte ich mich wieder recht gut erholt. Es kommt mir wie ein kleines Wunder vor, dass ich das alles so gut verkraften konnte und ich bin sehr dankbar dafür, daß mein Körper diese Strapazen so gut gemeistert hat.

Lessons Learned

Was habe ich auf der Reise gelernt?

- Geduld haben.
- Langeweile als geschenkte Zeit annehmen.
- Gegebenheiten annehmen, wie sie sind: gegeben.
- Dankbar sein für das Privileg, solche Reisen unternehmen zu können.
- Lächeln hilft. Meistens.

Was darf ich noch dazulernen?

- Ruhe bewahren, wenn etwas nicht sofort klappt.
- Kein Vergleichen mit anderen.
- Immer eine Cola dabeihaben gegen die morgendliche Müdigkeit.

Ausrüstung

- Helm
- Sonnenbrille
- Radschuhe
- 1 Paar Socken, 1 Paar dickere Socken
- Bibshorts
- Radtrikot
- Merinotop
- Langarmshirt
- Langarmtrikot
- Windjacke
- Regenjacke
- leichte Daunenjacke *
- Armlinge
- Beinlinge
- Regenüberschuhe
- Regenhose kurz
- Mütze
- Buff
- dünne Handschuhe
- Merino-Handschuhe zum darunterziehen *
- Unterhose
- Warnweste
- Reflektorband für Fußgelenk
- Ultralight Isomatte
- leichter Daunenschlafsack
- Biwaksack *
- 2 Trinkflaschen
- Ersatzspeichen *
- Schaltauge *
- Kettenöl
- 3 Ersatzschläuche *

- Reifenheber *
- Reifenflickzeug *
- Klebeband *
- Satz Inbusschlüssel *
- Bremsadapter
- Kabelbinder, Klettbänder, Gummiringe *
- Provianttasche (Musette)
- Ersatzfrontlicht mit Akkubetrieb *
- Ladegerät für Sram-Akkus (elektr. Schaltung)
- Ersatzhandy *
- Lesebrille *
- verschiedene Ladekabel
- Powerbank
- Garmin Edge 530
- Kopfhörer
- Zahlenschloss *
- Feuchttücher
- Verbandspäckchen *
- Desinfektionstuch und spray*
- Rettungsdecke *
- Leukoplast *
- Heftpflaster, Blasenpflaster *
- kleines Taschenmesser mit Pinzette & Feile
- Schmerztabletten
- Ilon Protect Salbe
- Bepanthen Salbe
- Ichtholan Salbe
- Ringelblumensalbe
- Sonnencreme-Stick
- Stift gegen Mückenstiche
- Kamm
- kleines Microfaser-Handtuch *
- Zahnbürste, -pasta

- Göffel
- Salzmandeln
- Studentenfutter
- 5 Energieriegel
- 2 x Isostar Brausetabletten
- leere Tütchen als Regenschutz für Handy & Co.

Die mit * gekennzeichneten Gegenstände habe ich nicht gebraucht.

Rad Setup:

- Canyon CF7 Endurace eTap
- Schaltung: SRAM Rival
- Reifen: Schwalbe ProOne 30mm
- SON delux 12 Nabendynamo
- Spannungswandler Sinewave
- Frontlicht Supernova E3 Pro2
- Rücklichter Supernova Tail Light 2 und Bontrager Flare
- Gepäckträger und -tasche: Tailfin (Aluausführung)
- Fronttasche: Cyclite
- Food Pouches von AGU (2x)
- Oberrohrtasche klein: Apidura
- Oberrohrtasche groß: Monsterando

NC4000 in Zahlen

Tag	Datum	Startzeit	von	nach	km	hm	Zeit	Zeit (ges.)	Schnitt
1	20.07.24	7:59	Rovereto	Leutasch	261,91	2516	12:21	13:38	21,2
2	21.07.24	6:03	Leutasch	Heimberg	264,23	1661	12:09	14:53	21,7
3	22.07.24	4:45	Heimberg	Auerbach	246,18	2583	12:57	16:30	19,0
4	23.07.24	4:25	Auerbach	Kolzenburg	237,55	1386	10:52	13:55	21,9
5	24.07.24	2:41	Kolzenburg	Teterow	283,96	1018	13:45	17:48	20,6
6	25.07.24	5:12	Teterow	Rostock	73,22	428	3:15	3:38	22,5
6	25.07.24	11:08	Gedser	Helsingborg	210,58	812	10:08	13:03	20,8
7	26.07.24	6:00	Helsingborg	Jönköping	253,74	1019	11:34	14:27	21,9
8	27.07.24	4:54	Jönköping	Vreten	265,49	1628	12:28	14:38	21,3
9	28.07.24	4:27	Vreten	Bolnas	298,09	2744	15:36	18:26	19,1
10	29.07.24	7:59	Bolnas	Sundsvall	171,85	1625	9:19	10:35	18,4
11	30.07.24	4:40	Sundsvall	Björna	228,4	2249	11:47	14:56	19,4
12	31.07.24	5:30	Bkörna	Jörn	284,51	1725	13:31	17:45	21,0
13	01.08.24	4:40	Jörn	Överkalix	278,66	2499	14:01	16:39	19,9
14	02.08.24	5:54	Överkalix	Käyrymön	228,16	1372	10:55	13:31	20,9
15	03.08.24	2:42	Käyrymön	Ivola	220,94	959	10:37	14:00	20,8
16	04.08.24	2:24	Ivola	Russenes	304,35	2108	14:45	19:40	20,6
17	05.08.24	5:00	Russenes	Nordkap	120	1500	6:30	7:47	18,5
				Gesamt	4231,82	29832			